これからの現場で役立つ
臨床心理検査

津川律子・黒田美保
［編著］

事例編

金子書房

は じ め に

　ずっと心理検査を臨床実践してきた私には，長年，温めてきた企画があり，それは臨床心理検査のまとまった本を出版することであった。企画書はだいぶ以前にできていたが，私の主な臨床領域が精神科で，成人を中心に臨床実践を行ってきたため，子どもに強い協働編集者がどうしても必要で，考えているうちに歳月が経っていた。

　思いきって，黒田美保先生に私からご連絡したのが 2021 年 5 月で，翌月には出版社の方と黒田先生と私でオンライン編集会議ができた。専門家たちに執筆依頼をしてから今日まで，怒濤の日々という感覚である。

　本書は，【解説編】と【事例編】の 2 冊から成っている。

　【解説編】では，第 1 部（1 章～ 8 章）で，WISC-V や MMPI-3 など最新の心理検査も含めて，代表的な臨床心理検査について解説した。第 2 部（9 章～ 13 章）では，心理士が働いている代表的な 5 つの分野（矯正，産業・労働，福祉，教育，医療）で実際に臨床心理検査がどう活用されているのかに関して解説し，補章を加えた。

　【事例編】では，第 1 部（1 章～ 8 章）で，ひとの発達過程を意識して，臨床心理検査がどのように実施され，検査結果がどのように心理支援に活かされているかに関して紹介した。第 2 部では，これまでの教科書ではあまりふれられなかった，実際の実施場面での工夫や留意点などについて紹介した。

　本書は，ぜひ臨床現場で心理検査を実施している心理士に読んでほしい。普段，自分で検査を実施することが少ない心理士にはなおのこと読んでほしい。また，心理士を目指している大学生や大学院生，関係する専門職の方々にも読んでいただきたい。

　編者のリクエストに応えて執筆してくださった執筆者の方々，ともに刊行までの日々を過ごしてきた黒田美保先生と金子書房の編集者である天満綾氏に，こころから感謝を申し上げたい。

　2023 年 2 月　　　　　　　　　　　　　　　　　　　　　　津川律子

目　次

本書に頻出する
臨床心理検査

　本書【解説編】【事例編】に頻出する臨床心理検査を以下に挙げて概要を示す。また，各章の本文中でも，一部の基本的な検査（例：WISC，WAIS，SCT 等）を除いて，脚注を設けて補足している。巻末の「臨床心理検査索引」とあわせて適宜ご参照いただきたい。

※専門家が用いる臨床心理検査の購入・実施にあたっては，一定の資格や要件を満たすことが求められる場合が多いため，事前に公式案内等にて確認することをお勧めしたい。また，関連学協会が定めている倫理綱領等の遵守が必要である。⇒【解説編】の補章「臨床心理検査にまつわる法令と倫理」

パーソナリティ検査

●ロールシャッハ法／ロールシャッハ・テスト
1921 年にロールシャッハ（Rorschach, H.）によって発表された投映法検査。オリジナル図版を指定の方法で提示し，教示に従って答えてもらう。国際的には包括システム（CS），R-PAS のほか，日本では片口法，名大法，阪大法，馬場法などがある。⇒【解説編】p.6

●新版 TEG®3 (Tokyo University Egogram-New Ver.3: テグスリー)
東京大学医学部心療内科 TEG 研究会（編）／金子書房，2019 年：交流分析理論に基づく質問紙検査。5 つの自我状態のバランスからパーソナリティの理解を試みる。⇒【解説編】p.7

●SCT (Sentence Completion Test: エスシーティー／文章完成法)
短い刺激文に続く文章を書き足してもらう検査。日本で最も使用されているものとして，『精研式文章完成法テスト SCT®』（佐野勝男・槇田 仁 [著]／金子書房，1972）がある。⇒【解説編】p.7

●風景構成法 (Landscape Montage Technique: LMT)
中井久夫（1934-2022）によって 1969 年に考案された。心理療法（芸術療法）として用いられるだけでなく，アセスメント技法としても広く日本で普及している。枠付け法が用いられており，対象者は教示にしたがって描画を進め，最後は彩色を行って終了する。⇒【解説編】p.8

知能検査

●**WISC-Ⅳ/WISC-Ⅴ** (Wechsler Intelligence Scale for Children – Fourth Edition/Fifth Edition: ウィスク・フォー／ウィスク・ファイブ)
Wechsler, D. (原著)／日本版 WISC-Ⅳ刊行委員会 (日本版作成)／日本文化科学社, 2010 年：ウェクスラー児童用知能検査。2022 年に最新版の WISC-Ⅴ が刊行された。⇒【解説編】p.17

●**WAIS-Ⅳ** (Wechsler Adult Intelligence Scale – Fourth Edition: ウェイス・フォー)
Wechsler, D. (原著)／日本版 WAIS-Ⅳ刊行委員会 (日本版作成)／日本文化科学社, 2018 年：ウェクスラー成人知能検査 WAIS の最新版。⇒【解説編】p.22

●**WPPSI-Ⅲ** (Wechsler Preschool and Primary Scale of Intelligence – Third Edition: ウィプシ・スリー)
Wechsler, D. (原著)／日本版 WPPSI-Ⅲ刊行委員会 (日本版作成)／日本文化科学社, 2017 年：ウェクスラー幼児用知能検査 WPPSI の最新版。⇒【解説編】p.23

●**KABC-Ⅱ** (Kaufman Assessment Battery for Children Second Edition: ケーエービーシー・ツー)
Kaufman, A. S. & Kaufman, N. L. (原著)／日本版 KABC-Ⅱ制作委員会 (日本版制作)／丸善出版, 2013 年：カウフマンらにより 1983 年に作成された K-ABC の改訂版。⇒【解説編】p.25

発達検査

●**新版 K 式発達検査®2020** (Kyoto Scale of Psychological Development 2020)
新版 K 式発達検査研究会 (編)／社会福祉法人 京都国際社会福祉協力会 京都国際社会福祉センター発達研究所, 2020 年：日本で開発・標準化された個別直接観察検査, 新版 K 式発達検査の最新版。⇒【解説編】p.35

発達障害関連の検査

●**M-CHAT** (Modified Checklist for Autism in Toddlers: エムチャット／乳幼児期自閉症 チェックリスト修正版)
Robins, D. L., Fein, D., Barton, M. L., & Green, J. A. (原著)／神尾陽子 (訳)／国立精神・神経センター精神保健研究所, 2006 年：16 ～ 30 カ月の幼児を対

象とした自閉スペクトラム症のスクリーニング検査。保護者による質問紙記入と電話面接の 2 段階からなる。⇒【解説編】p.45

●**AQ**（Autism-Spectrum Quotient: エーキュー／ AQ 日本語版 自閉症スペクトラム指数）

Baron-Cohen, S. & Wheelwright, S.（原著）／若林明雄（日本語版構成）／三京房，2016 年：自閉症の主兆候や認知特性を評価する質問紙。成人用と児童用がある。⇒【解説編】p.46

●**PARS®-TR**（Parent-interview ASD Rating Scale-Text Revision: パース・ティーアール／親面接式自閉スペクトラム症評定尺度テキスト改訂版）

一般社団法人 発達障害支援のための評価研究会（編著）／金子書房，2013/2018年：幼児から成人までを対象とした保護者面接尺度。自閉スペクトラム症の特性と支援ニーズを評価する。⇒【解説編】p.46

●**ADI-R**（Autism Diagnostic Interview-Revised: エーディーアイアール／自閉症診断面接改訂版）

Le Couteur, A., Lord, C., & Rutter, M.（原著）／ ADI-R 日本語版研究会（監訳），土屋賢治・黒田美保・稲田尚子（マニュアル監修）／金子書房，2013 年：精神年齢 2 歳以上を対象とした保護者半構造化面接。93 項目からなる質問により，発達歴や日常生活全般の様子についての詳細な情報が得られる。⇒【解説編】p.48

●**ADOS-2**（Autism Diagnostic Observation Schedule Second Edition: エイドス・ツー／自閉症診断観察検査第 2 版）

Lord, S., Rutter, M., DiLavore, P. C., Risi, S., Gotham, K., & Bishop, S. L.（原著）／黒田美保・稲田尚子（監修・監訳）／金子書房，2015 年：検査用具や質問項目を用いて，対人コミュニケーション行動を最大限に引き出すように設定された半構造化面接を行い，検査中の行動を直接観察する。⇒【解説編】p.49

●**CARS2**（Childhood Autism Rating Scale Second Edition: カーズ・ツー／小児自閉症評定尺度第 2 版）

Rutter, M., Bailey, A., Berument, S. K., Lord, C., & Pickles, A.（原著）／内山登紀夫・黒田美保・稲田尚子（監修・監訳）／金子書房，2020 年：行動観察と保護者用質問紙の回答を総合して，自閉症の重症度を評価する。第 2 版からは，旧来の標準版に高機能版が加わった。⇒【解説編】p.50

●**ADHD-RS-Ⅳ**（ADHD-Rating Scale-Ⅳ：エーディーエイチディー・アールエス・フォー／ ADHD 評価スケール）

DuPaul, G. J., Power, T. J., Anastopoulos, A. D., & Reid, R.（原著）／市川宏伸・田中康雄（監修），坂本 律（訳）／明石書店，2008 年：5 〜 18 歳を対象とした ADHD の質問紙検査。家庭版と学校版からなる。⇒【解説編】p.51

●**Conners 3**（Conners 3rd Edition: コナーズ・スリー）
Conners, C. K.（原著）／田中康雄（訳・構成）／金子書房，2011/2017 年：子どものADHDとその関連症状を評価する質問紙検査。DSM-5に対応。⇒【解説編】p.52

●**CAARS**（Conners' Adult ADHD Rating Scales: カーズ／コナーズ成人ADHD評価スケール）
Conners, C. K., Erhardt, D., & Sparrow, E.／中村和彦（監修），染木史緒・大西将史（監訳）／金子書房，2012 年：成人のADHD症状の重症度を把握する質問紙検査。⇒【解説編】p.52

●**CAADID**（Conners' Adult ADHD Diagnostic Interview for DSM-Ⅳ：カーディッド／コナーズ成人ADHD診断面接）
Epstein, J., Johnson, D. E., & Conners, C. K.（原著）／中村和彦（監修），染木史緒・大西将史（監訳）／金子書房，2012 年：成人のADHD関連症状を評価するための面接ツール。⇒【解説編】p.52

認知症関連の検査

●**MMSE-J**（Mini Mental State Examination-Japanese: エムエムエスイー・ジェイ）
Folstein, M. F., Folstein, S. E., McHugh, P. R., & Fanjiang, G.（原著）／杉下守弘（日本版作成）／日本文化科学社，2019 年：認知症のスクリーニング検査。18 〜 85 歳の認知機能を簡便に測定できる。⇒【解説編】p.66

●**ADAS**（Alzheimer's Disease Assessment Scale: エイダス）
Rosen, W. G., Mohs, R. C., & Davis, K. L.（原著）／本間 昭・福沢一吉・塚田良雄・石井徹郎・長谷川和夫・Mohs, R. C.（日本語版作成）／1992 年：ADASは，記憶を中心とする認知機能下位尺度と，精神症状を中心とする非認知機能下位尺度の2つで構成されるが，特に前者（認知機能下位尺度）が臨床現場でよく使用されてきた。日本では，ADAS-J cog. が挙げられる。⇒【解説編】p.70

●**TMT-J**（Trail Making Test 日本版：ティーエムティー・ジェイ）
Reitan, R. M.（原著）／一般社団法人日本高次脳機能障害学会（編），一般社団法人日本高次脳機能障害学会 Brain Function Test 委員会（著）／新興医学出版社，2019 年：注意機能と処理速度を簡便に評価できる検査。⇒【解説編】p.63

●**CANDy**（Conversational Assessment of Neurocognitive Dysfunction: キャンディ／日常会話式認知機能評価）
大庭 輝・佐藤眞一・数井裕光・新田慈子・梨谷竜也・神山晃男／こころみ（CAN-

Dy 事務局），2017 年：認知症の人に見られる 15 個の会話の特徴について，自由会話の中でその出現頻度を評価する検査。⇒【解説編】p.63

適応行動・不適応行動の検査

●Vineland-Ⅱ（Vineland Adaptive Behavior Scales, Second Edition: ヴァインランド・ツー／ヴァインランド適応行動尺度第 2 版）
Sparrow, S. S., Cicchetti, D. V., & Balla, D. A.（原著）／辻井正次・村上 隆（監修）／日本文化科学社，2014 年：日常生活における適応状態を評価する面接式検査。対象者をよく知る第三者が回答する。⇒【解説編】p.77，79
●S-M 社会生活能力検査第 3 版
上野一彦・名越斉子・旭出学園教育研究所／日本文化科学社，2016 年：乳幼児から中学生までを対象とし，保護者または教師記入式で社会生活年齢（SA）と社会生活指数（SQ）が算出できる。⇒【解説編】p.78

精神症状を調べる検査

●SDS（Self-rating Depression Scale: エスディーエス／うつ性自己評価尺度）
Zung, W. W. K.（原著）／福田一彦・小林重雄（日本版作成）／三京房，1973 年：うつ症状を評価する 20 項目からなる自記式質問紙検査。⇒【解説編】p.88
●STAI（State-Trait Anxiety Inventory: スタイ／状態－特性不安検査）
Spielberger, C. D.（原著）／STAI-Form X は，水口公信・下仲順子・中里克治（日本版作成）／三京房，1991 年；STAI-Form JYZ（新版 STAI）は，肥田野直・福原眞知子・岩脇三良・曽我祥子・Spielberger, C. D.／実務教育出版，2000／2021 年：不安症状について，状態不安 20 項目と特性不安から 20 項目から評価する質問紙検査。⇒【解説編】p.90

その他の検査

●WHO QOL26（WHO Quality of Life 26: キューオーエル）
世界保健機関・精神保健と薬物乱用予防部（編）／田崎美弥子・中根允文（監修）／金子書房，1997 年：WHO が開発した，生活の質（QOL）を測る 26 項目からなる自記式質問紙検査。⇒【解説編】p.98

事例で学ぶ臨床心理検査

臨床心理検査と心理支援は切っても切り離せない。年代に沿って，乳幼児，児童，青年，成人，高齢者まで，どのような流れで臨床心理検査が計画され，実際にどのように実施され，どのようにフィードバックされて，その後の心理支援に反映されていくのであろうか。8つの架空事例を通して考えていきたい。

Ⅰ. 事例の概要

対象者（A）：1歳7カ月，男児。
家族の状況：30代前半の父親と母親と本児の3人家族。父親は会社員。母親は出産前までは会社員として働いていたが，出産の時期と父親の転勤での転居が重なり，退職。父母ともに遠方に実家があり，核家族である。住んでいる地域に知り合いは少ない。母親は，子どもがある程度大きくなったら働きたいという意思を持っていた。

Ⅱ. 生育歴・経過概要

1. 生育歴および発達歴

　結婚して2年たっても妊娠せず，不妊治療を開始し，半年で妊娠となった。妊娠経過中，切迫流早産で母親は2週間ほど入院を経験したが，その後の経過は順調であった。在胎38週2日に2,980gで出産。出生時に特記すべきことはなし。産科退院後，ミルクの飲みが悪い，抱っこでないとなかなか寝つかないなどのエピソードがあったが，定首3カ月半で，保健センターで行われた3〜4カ月の乳幼児健康診査時（健診）には特記すべきことはなかった。一方で，健診時に母親が記載したエジンバラ産後うつ病自己記入式質問票[*1]では12点と，日本でのカットオフ値の8/9点より高く，周囲にサポートが得られない状況で，やや抑うつ的で母親が孤立している状況がうかがわれた。健診後，保健師により家庭訪問が行われるとともに，子育て

[*1] Edinburgh Postnatal Depression Scale（EPDS／イーピーディーエス）

支援センターの利用が勧められ，6カ月を過ぎたころより，Aを連れて地域の遊び広場を利用するようになった。Aは，母親のそばにいて一人黙々と気に入ったおもちゃで遊ぶような姿が見られていたが，やや体幹が安定しないような印象を保育スタッフは受けていた。

　寝返り6カ月，座位7カ月と運動発達に大きな遅れはなかったが，はいはいは，ずり這い*2のまま，1歳2カ月で歩き始めた。言語発達は，ジャーゴン*3は少なく，始語は1歳5カ月とやや遅れが認められた。歩き始めてから落ち着きがない様子が見られるようになり，遊び広場でもうろうろして過ごし，ひとつの遊びに集中して取り組むことが少ないような様子が見られていた。

2. 1歳半児健診時の様子から

　1歳半児健診では，順番を待つまでの間，母親の側にじっとしておらず，会場をふらふらと歩き回っており，そのあとを母親が追って動いている様子であった。健診の面接の場で，母親が抱っこして椅子に座ろうとしてものけぞってしまい，動きを制限されるのが嫌な様子が見られた。健診で実施する物の名称の指差しは，興味を持たず実施できなかった。積木については，目の前に積木を持っていって見せると，手を伸ばして触ったり，両手でたたいたりするものの，保健師が積木を積むように促しても，そちらを見ることはなかった。健診時に記入して持参をしてもらうM-CHAT*4の項目は，全体の項目のうち7項目にチェックがついており，特に共同注意に関連する項目が不通過であった。母親は，面接の中で，言葉が遅いこと，落ち着きがないことを保健師に訴え，保健師から，心理士の個別面接を受けることを勧められると，別の日に面接に来ることに同意した。

---

*2　四つ這い以前に，お腹をつけたまま腕や脚の力で前後左右に動くこと
*3　聞き取れないが，ある単語の音に似た母音と子音が混じっている発声で，喃語の一種類
*4　Modified Checklist for Autism in Toddlers（エムチャット／乳幼児期自閉症チェックリスト修正版）

Ⅲ．ここまでの見立てと検査バッテリー

　1歳半児健診での集団場面では，落ち着きのなさが認められ，初めての場所であったが，母親の顔を確認して動いたり，母親のところに戻ってきて落ち着くといったような様子も見られなかった。保健師が声をかけても反応は乏しく，名前を呼んでも振り返ることはなかった。健診の面接の場面では，視線が合いづらく，母親に抱かれて落ち着いて座っていることが難しい様子で，健診で行う簡単な発達チェックも実施が難しかった。発語も，数語が健診の場面で見られただけで，母親の聴取からも言葉の発達の遅れが疑われた。またM-CHATも全23項目中3項目以上不通過，あるいは重要項目6項目中2項目以上不通過という2つの基準ともに超えており，自閉スペクトラム症（以下，ASD）の可能性が否定できなかった。心理士によるアセスメントおよび発達ガイダンスを受けることが望ましいと判断され，別日に設定されている心理面接の予約につながった。

　心理面接開始前の打ち合わせで3～4カ月児健診時の記録を含めたこれまでの経過について保健師と共有した。出産前後の転居で母親の子育てのサポートがこれまで十分得られていなかったこと，産後抑うつ状態が見られていたが，地域の支援につながり，母親の精神状態は比較的落ち着いていることがうかがわれた。しかし，保健師との面接では不安そうな表情が印象的であり，Aの発達について心配はしているものの，支援につながることにはまだ抵抗がある可能性があった。Aの運動発達は比較的順調であることがうかがわれたが，落ち着きのなさや対人的コミュニケーションの発達の遅れが疑われ，発達全般の状況の把握と，発達障害の疑いがあるのかに関して総合的なアセスメントが必要と考えられた。実際の生活場面で母親が対応に苦慮している様子もうかがわれ，母親と子どもの特徴についてある程度共有したうえで，保健センターで行われている事後フォロー教室につなぐことで，早期支援を行っていく方向を検討することになった。

　上記のことをふまえて，面接時には発達全般を把握するために，子どもに対する新版K式発達検査®を第一選択として実施することとした。一方で，

Aが検査に対する構えが十分できない可能性があり，実施が難しいと判断した場合は，津守・稲毛式乳幼児精神発達検査など，間接検査法を実施し，発達の状況を把握することとした。また，健診時に提出したM-CHATの項目について一つひとつ丁寧に確認し，ASDの疑いがあるのかについて判断をしていくこととなった。また同時に，母親のメンタルヘルスの状況を把握して，親子のやりとりの様子を観察し，よりよいかたちで次の支援につなげていくことが確認された。

Ⅳ．実施場面

1．環境調整

　保健センターの心理面接の場は，健診会場として使っている比較的広めの会議室の一角であり，専用の部屋が用意してあるわけではなかった。健診時の様子から，広い部屋だと落ち着かなくなる可能性があったため，パーテーションで区切り，子どもの目に入るところに物は置かず，子どもが座ったときに壁しか見えないように机と椅子の位置を調整した。

　本来であれば，子ども用の机と椅子を用意し，子どもの足が床についた状態で検査を行うことが望ましいが，母親は健診後に勧められて心理面接に来るかたちとなっており，子どもが評価されることには抵抗を感じる可能性も高い。母親にとっても安心できる場となるように，検査用具は母親から隠した位置に置くとともに，すぐに出せるように机の横に，実施する可能性のある年齢範囲の検査用具のいくつかを子どもの目に入らないようなかたちでセッティングした。

　また，面接時間は午睡の時間と重ならないように，保健師より予約を入れてもらった。

2．検査の導入

　保健センターに来所したAは，部屋に入る前にも落ち着きがない様子が見られていた。心理士が部屋に入るように促すと，とことことついてきたが，目に入ってくるものに気を取られるようで，心理士をあまり意識していない

様子であった。しばらく様子を見た後，母親に声をかけ，Aを抱っこして
椅子に座ってもらった。Aに「こんにちは」と声をかけるが，心理士と目
を合わせることなく遠くを見ているようだった。母親に「健診のときに心理
面接を勧められたと聞いていますが，お母さんから見て心配なこととかあり
ますか？」と尋ねると，「私は『男の子だしこんなものかな？』と思ってい
る」と言葉少なく答えた。Aは部屋をきょろきょろと見渡しており，すぐ
に母親の膝から降りてどこかに行ってしまうような姿が見られたため，「最
初にお母さんの話をお聞きしてからと思っていましたが，Aちゃんもまだ
年齢が小さく集中が続かないだろうから，最初にAちゃんがどんなことが
今できるようになったのか見せてもらってもいいですか？」と同意を取り，
検査を導入することにした。「Aちゃんがどのくらいできる力があるかを見
たいので，お母さんから声をかけたり，手伝ったりしないでください」と伝
え，母親の膝の上から降りようとするAに声をかけ，目の前で赤い積木を
見せた。Aは興味がわいたようで，母親の膝の上に座り直し，机の上に置
いた赤い積木に手を伸ばした。Aの前で，Aにしっかり積木を見せながら，
積木を積むのを見せると，2〜3個積んですぐに倒した。「じゃあこれはど
う？」と鈴の入った小瓶を見せると，からからと鳴らしながら中を覗き込み，
一生懸命出そうとふたを開け始めた。言葉だけの指示のみだと入りにくいも
のの，テンポよく目の前に道具を提示すると，それには興味を示し，検査者
が先にモデルを示すと，それを見ながらぎこちない手つきで真似ることがで
きた。言葉の指示が多くなってくると，途中で集中がとぎれて，母親の膝の
上から降りかける。そのときにAの名前を呼ぶが，振り返ることをせず，
椅子から降りていき，自分に声をかけられているのかについてはまったく気
にしていないかのようであった。母親が必死に止めようとするのを，「ここ
までにしましょう。よく頑張ってくれたと思います」と声をかけ，同席して
いた保健師に子どもの様子を見てもらうように依頼し，母親と面接を続けた。
　母親に，「積木とかは好きみたいですね。今，いろんな道具を少し使って
本人に取り組んでみてもらったけど，お母さんが見ていてどうでした？」と
尋ねると，家では絵本をぺらぺらとめくったり，テレビを見たり，お絵かき
をしていることはあるが，あまり長くは続かない。ご飯を食べるときは固定

椅子を使っているため，なんとか座っているが，外食等は座っていられないため連れていくことが難しいこと，自分がやりたいことがあって思いが通じないと怒ってくることがあることなどを語っていった。「声をかけても，興味があるものがあると，そっちにつられてしまうみたいだけど，買い物とかはどう？」と尋ねると，買い物に行くと，どこに行ってしまうかわからないので，二人だけでは難しいことなどを話していった。

　Aのことをもっと詳しく教えてほしいと，M-CHATの項目を一つひとつ具体的に確認していった。母親と面接している間，Aは保健師とぐるぐるボールが回るおもちゃを何度か試してみたり，絵本をぱらぱらめくったりしていたが，ときおり母親のもとに戻ってきた。母親の膝にちょこんと乗ってきて，母親の顔をちらっと見て，母親の頬を少し触って，また降りていったりした。その様子を見ながら「Aちゃんが集中できるのは10分ぐらい？」と母親に聞くと，「家だともっと短い」と困った顔をして答えた。

　面接の当初は「大変だ」と言いながらも，「男の子は，言葉が遅い」「ちょっとぐらいやんちゃなほうがいいから」と，心配を否定するような言葉も多く聞かれていたが，心理士が子どもの様子を見ながら日常生活の中で対応に困っているであろう場面を具体的に確認していくと，「どう関わっていいかわからないことが多い」と語るようになっていった。

　母親が少し落ち着いて心理士の問いに答えていたところ，Aが母親の膝の上にのぼってきたため，「試しに少し続きをしてみますね」と伝えて，検査の続きを実施すると，少し落ち着いて取り組み，新版K式の項目のほぼすべてを実施することができた。「何をしていいかわからない場面だと，なかなかできないけど，場に慣れてきて，何をするかがわかると，少し頑張れる力があるみたいですね」と伝えると母親はうなずいた。

V．検査結果（主たる要点のみ）

1．新版K式発達検査2020
（1）全体の発達水準
　精密生活年齢576日（1歳7カ月）であり，全体の発達年齢は456日

（1歳3カ月）であった。DQは79と，発達の遅れが見られた。

（2）発達プロフィール

・姿勢 – 運動領域（P-M）：発達年齢1歳8カ月／DQ=104

検査用に用意した1〜2段の階段は興味を示さなかったため，検査終了後，部屋の外の階段を使ってその様子を確認するとともに，母親に日常の様子を聴取（Rと記録）し，判定を行った。

・認知 – 適応領域（C-A）：発達年齢1歳2カ月／DQ=76

積木の課題は3個まで積み上げることができた。瓶から鈴を出すことはできたが，丸棒や角板はなかなか入れようとしない。はめ板は，置かれたままではめようとするため通過しなかった。少し離れた位置にものを置くと，声かけや指差しで指示するだけでは興味は向きにくいようであった。手先の不器用さが見られ，親指と人差し指でつまむことはうまくできず手のひらを使おうとするため，積木やはめ板を思ったように操作できないような様子であった。

・言語 – 社会領域（L-S）：発達年齢1歳1カ月／DQ=79

指差しは検査中に観察できなかった。家でも要求をするときに手を伸ばすかたちで示しており，指差しはほとんど見られないようであった。語彙は検査中，「ママ」「あっち」の2語は観察された。それに加えて，家では，「バイバイ」「チャ（お茶）」等，5語程度が報告され，聴取（Rと記録）で判定した。

（3）全体を通してのアセスメント

人見知りはなく，新奇場面でも母親の顔を見ることなく，目についたもののほうに関心が向きがちであった。マイペースで落ち着きがないところが見られるものの，刺激を少なくして，目の前に見せてわかりやすいように提示すると，ある程度取り組める力はあるようであった。母親は終始不安げな様子で，児とのやりとりは受け身的な印象を受ける。そのため児の動きを予想して前もって止めることはできず，後ろから少し長めの言葉かけをするかたちとなっており，児にとっては母親が何を伝えようとしているのかわかりにくく，児の落ち着きのなさにつながっているようだった。

粗大運動は年齢相応であるが，微細な運動はやや苦手な様子であり，その

ために認知‐適応領域の課題が通過しないものもあると考えられた。単語の
バリエーションはまだ少ないものの，要求を言葉で伝えることが増えてきて
いる段階と思われた。相手を意識して行動することができるようになれば，
言葉ややりとりの力が伸びてくるのではないかという印象を持った。

2．M-CHAT

　子どもの検査と合わせて，親子同席で，子どもの様子を見ながら，健診時
にチェックをして提出してもらっていた M-CHAT の項目を一つひとつ確
認していった。

　A は小さいころから手がかからず要求が少ない子どもであったが，1 歳を
過ぎて「周りが見えるようになった」とのことで，出かけたときに，母親の
もとに戻ってくるようになったり，お茶など欲しいものがあると母親に要求
を示すようになってきた。一方で，要求が通らないと怒って母親を叩いたり

表 1-1　M-CHAT 項目の結果 (神尾, 2018 を参照して作成)

重要項目		項目内容	領域	発達の時期	A の結果
	1	身体を揺らすと喜ぶ			＋
○	2	他児への関心	対人的関心	8 カ月以前	－
	3	高所ののぼり			＋
	4	いないいないバーを喜ぶ			＋
	5	ふり遊び	対人的想像	11〜12 カ月	＋
	6	要求の指差し	コミュニケーション	11〜12 カ月	－
○	7	興味の指差し	共同注意	11〜12 カ月	－
	8	機能的遊び	物の操作の理解・感覚反応	15〜17 カ月	＋
○	9	興味のあるものを見せる	共同注意	15〜17 カ月	－
	10	合視	対人的反応	8 カ月以前	＋
	11	聴覚過敏	感覚反応（逆転項目）		＋
	12	微笑み返し	情緒的反応性	8 カ月以前	＋
○	13	模倣	対人的反応	11〜12 カ月	－
	14	呼名反応	情緒的反応性	8 カ月以前	±
○	15	指差し追従	共同注意	11〜12 カ月	－
	16	歩行			＋
	17	視線追従	共同注意	15〜17 カ月	－
	18	常同行動	常同行動（逆転項目）		＋
	19	親の注意喚起	対人的関心	15〜17 カ月	＋
	20	耳の聞こえの心配	対人的反応（逆転項目）		＋
○	21	言語理解	言語コミュニケーション		＋
	22	感覚への没頭	感覚反応（逆転項目）		＋
	23	社会的参照	対人理解	15〜17 カ月	－

ということも増えてきたと話す。現在はやりとりの遊びも楽しめるようになり，真似をすることも増えてきているようであるが，全体的な社会性の発達は他の同年代の子どもに比べてゆっくりであることがうかがえた。現在のAの状態からは，「要求の指差し」「興味の指差し」「興味のあるものを見せる」「模倣」「指差し追従」「視線追従」「社会的参照」の 7 項目が不通過，重要項目 6 項目（Kamio et al., 2015）のうち 4 項目が不通過であり，自閉スペクトラム症の特性を持っていることが疑われた（**表 1-1**）。

3. 検査の様子の共有

　母親に，「検査の様子などを一緒に見てもらっての感想はありますか？」と尋ねると，「自分の興味があることは頑張れるのかな。これだけ集中できる時間があるとは思わなかった」と語る。心理士より，「ここは物をかなり減らして，本人の注意がそれるようなものをなくしているので，本人も何をやればいいのかわかりやすかったかもしれない」「家だといろんなものが置いてあると思うので，何か目に入るとそれが気になってしまうかもしれない」と伝えた。本人に声をかけるときは，後ろからではなく正面から声をかけてもらうこと，言葉をかけるだけでなく伝えたいものを見せること，本人が要求を出したときには，母親が指差しをしてその名前を言って渡すなど，モデルを見せてほしいことを含めていくつか関わりのポイントを伝えた。また，刺激が多い場は苦手かもしれないので，少人数の同じメンバーが参加をし，何をやるのかがはっきりしている教室を利用し，本人が経験を積んでいくことで発達の後押しにつながるのではないかと提案した。少し関わりにコツがいる子どもだと思うので，母親自身がスタッフと一緒にこの子の特徴をつかむことで関わりが楽しめるようになれるとよいのではないかと心理士より勧めた。保健センターで健診の事後フォロー教室を開催しているので，詳細は保健師と相談してみてほしいと伝えた。さらに，その後の経過を確認するために 2 カ月後に予約を取ってもらうこととした。

VI. 報告のまとめ

実施した検査の結果について，検査報告書（**図 1-1**）にまとめた。

検査報告書

氏名：　　　　　　　　様（年齢：1歳7カ月）
生年月日：　○年○月○日　　検査日時：　○年○月○日，9時50分から10時30分
実施検査：　新版K式発達検査2020　　検査目的：　発達状況の把握のため
検査者：　B

[検査の様子]
　検査室に入り，最初は着席していましたが，途中から席を立って部屋の中を探索したり，棚の扉を開けて，中の物を出したりするなど，関心のあるもの，目についたものに積極的に触れようとする様子が見られました。検査の内容については，興味のあるものは一度，視線を送ることもありましたが，周囲に気が向きやすく，他のものを確認したい気持ちが強い様子で，検査に取り組むことは難しいようでした。そのため，検査結果が必ずしも現在の A ちゃんのすべての発達を表しているとはいえず，検査時の結果としてご参考にしてください。

[検査結果]
　A ちゃんの全体の発達は 12 カ月相応でした。この検査は，姿勢－運動，認知－適応，言語－社会の 3 つの領域に分けて発達状況を見ていくことのできる検査です。以下に A ちゃんの発達状況を示します。

姿勢－運動領域
　姿勢－運動領域は，1 歳半相応の発達でした。検査中，一段高いところに一人で登ろうとしていたりしており，体のバランスはとれているようです。また，蓋を開けたり，ベルをしっかり鳴らすなど，握る力もついてきているようですが，積木をつかむときには手のひら全体を使っており，手先の指をうまく使うことはこれからのようです。

認知－適応領域
　認知－適応領域は 11 カ月相応の発達でした。言葉だけでの指示では，理解が難しそうですが，検査者が先に例を示したりすると，同じように物を使ったりすることはできていました。目に見えるかたちで示すと，興味を持ちやすく，何をするかがわかりやすいようです。

言語－社会領域
・言語－社会領域は 8 カ月相応でした。「チョウダイ」などの簡単な指示の理解はできていました。興味のあるもので集中しているときは，声かけなどに反応することは少ないようでした。伝えたいことについて，短い言葉とともに，A ちゃんに見えるかたちで示すと伝わりやすいと思われます。

【まとめ】
　運動発達は年齢相応でしたが，ものを認識して操作したり，言葉を理解したり使ったりする領域は，発達がゆっくりでした。反応や表情は豊かで，歩き回りながら，いろいろなものを触ったりすることで確かめているようでしたが，着席をしたり，検査者に注目をして，課題を行うことは難しいようです。何かを伝えるときは目の前で本人の注意を引きつけて提示すると同時に，短い言葉で伝えることがよいと思われます。

図 1-1　新版 K 式発達検査 2020 の結果に基づく検査報告書

VII.　検査結果のフィードバック

　２カ月後に母子で再度，心理面接に訪れた。事後フォロー教室での様子を確認しながら，先回の発達相談で実施した検査の結果について検査報告書（図 1-1）をもとに説明を行い，現在伸びてきたところも含めて確認を行った。母親に継続的な支援の場の利用を勧め，終了となった。

VIII.　その後の経過

　保健師より，面接後，保健センターで開催している事後フォロー教室の参加が勧められた。当初，同年代の子どもたちとの輪の中に入れず，少しざわついてくると教室から出ようとし，朝の挨拶の会のときにも，母親の膝の上には座っておらず，ふらふらっとどこかに行ってしまうような姿が見られていた。母親の表情も晴れず，少しいらいらした様子でＡの動きを止めたりすることもあった。母親は教室スタッフに，「他の子はおとなしく母親のそばにいるのに，うちの子は全くできない」と訴えた。集団での場に慣れにくい様子を見て，母親は「この子は他の子と何か違うのかもしれない」という思いが強くなっているようだった。事後フォロー教室に数回通ったところで，より専門的な支援が受けられる別の機関の育児支援教室に通うことを勧められ，次の教室に通うことになった。育児支援教室では，教室と並行して，心理士による心理面接が開始された。夫や祖父母のサポートも全くない中での子育てで精神的に余裕がなくなっていることをふまえ，保育園での一時保育やファミリーサポート事業の利用につなぎ，心理士の面接の中では，実母との葛藤や夫との関係を振り返りながら，わが子との関わりで何が自分の中で不安になってしまうのかを整理し，Ａとの関わりを後押ししていった。少しずつ子どもと落ち着いて関われるようになり，Ａが母親を求める行動を示すようになってからは，積極的にＡに声をかけたり関わったりする姿が多く見られるようになっていった。幼稚園への入園前に，発達の伸びを確認することを勧め，新版Ｋ式発達検査を再度実施した。ほぼ同年齢の子ども

と変わらないまで発達が伸びている一方，認知－適応領域，言語－社会領域は広い年齢段階の課題で項目の通過・不通過が確認され，発達のアンバランスさが認められた。また，PARS®-TR*5 を面接で聴取し，その結果をふまえて，Aの発達には得意なことと苦手なこととのアンバランスさがあること，特にコミュニケーションが同年代の子どもに比べてあまり上手ではないなど，対人関係の発達の弱さが認められることが共有された。そのうえで，幼稚園にAの特徴を理解して対応してもらうために，入園前での専門の医療機関の受診を勧奨した。母親から入園前にAの特徴を幼稚園に伝え，配慮をお願いするとともに，専門医療機関を受診してもらい，ASDと診断された。その後，周りの支援をうまく利用しながら，Aは幼稚園では適応して過ごすことができ，就学前には同年代の子どもと変わらないくらいの発達を示すようになっていった。

Ⅸ．まとめ

　日本では，乳幼児の健診システムが整えられており，多くの自治体で90％前後の受診率であることが報告されている。地域によって健診の対象年齢を多く設定しているところもあるが，1歳半児健診，3歳児健診は全国的に行われている。こうした健診の場では，子どもの成長・発育とともに，発達のチェックと親の育児についての相談が行われ，早期に何らかのリスクがある子どもを必要な支援に結びつけていく役割を担っている。保健師だけではなく，医師や心理士など様々な職種と協働で行われており，健診後に多職種で支援の方針を決めるアセスメント会議が行われる。規模の大きな市区町村では，健診時に心理士もスタッフの一人として参加し，集団場面での子どもの行動のアセスメントや，個別面接というかたちでのアセスメントを担っていることが少なくない。そうした場合，支援の方針を決めるアセスメント会議では，その市区町村で使える資源をふまえたうえで支援の方向性を

---

*5 Parent-interview ASD Rating Scale-Text Revision（パース・ティーアール／親面接式自閉スペクトラム症評定尺度テキスト改訂版）

機関として決定していく。

　一方で，規模の小さな市区町村では，1回の健診の対象者が少ないこともあり，心理面接が別の日に設定されているところもある。保健センターは今後の支援の方針を決める場としての役割もあるため，保健師が同席するかたちで面接が行われ，その後の支援へのつなぎは保健師が担うなど，市区町村によってそのあり方は異なっている。あらためて別日で実施するため，やや心理面接のハードルは上がるものの，ある程度の意識をもって面接に訪れることになり，落ち着いた場所で時間をとってゆっくり面接することができるというメリットがある。また健診とは別枠のため，必要に応じて再度の面接ができるなど柔軟な対応が可能である一方，多職種で支援の方針を決めるのではなく，保健師にアセスメントの結果を伝え，調整してもらうかたちをとることになる。

　現在，乳幼児健診の目的として，虐待予防と発達障害も含めた障害の早期発見，早期支援が位置づけられるようになり，健診後，次の支援につなぐためのひとつのステップとして，健診事後フォロー教室を開催しているところも少なくない。子どもの発達や親子関係になんらかの心配が認められる場合，保健師の個別フォローのほか，健診事後フォロー教室を経て，次の専門機関につながっていく。自治体によっては要フォローとなる子どもは40％以上であり（永田，2012），その後の支援の体制をどう築き，気になる親子をどうつなげていくのかということは課題のひとつである。特に自閉スペクトラム症など対人関係の発達がゆっくりである子どもたちは，親が子どもとつながったという体験を持ちにくく，2歳頃の自閉スペクトラム症が疑われる子どもをもつ親の抑うつは，一般の育児中の母親よりも高く，育児ストレスも強く抱えていることが指摘されている（永田・佐野，2013）。一部の地域では，母子保健と発達の専門機関が連携し，支援する体制を整えてきている（神谷，2016）が，子どもの発達を支え，親子の関係が悪循環にならないように，早期から支援をしていくことがこの時期には必要であり，心理の専門職として親と子それぞれのアセスメントを担うことが期待されている。

　保健センター以外にも，現在では保育園や幼稚園においても個別支援計画を作成することが求められるようになり，配慮が必要な子どもに対して，加

配制度（障害児対応の補助の先生）や成長ファイルといった個別の支援計画が立てられるようになってきた。療育機関から早い段階で保育園や幼稚園に移行となる子も少なくなく，配慮が必要な子どもの保育や保護者の支援のために，巡回指導や保育カウンセラーの配置など，心理専門職が関わるようになっており，多様な場で心理アセスメントとそのフィードバックを通しての心理学的な支援の提案などの役割が求められている。

【引用文献】

Kamio, Y., Haraguchi, H., Stickley, A., Ogino, K., Ishitobi, M., & Takahashi, H. (2015) Brief report: Best discriminators for identifying children with autism spectrum disorder at an 18-month health check-up in Japan. *Journal of Autism and Developmental Disorders, 45*(12), 4147-4153.

神尾陽子（2018）初期発達. 日本発達心理学会（編）自閉スペクトラムの発達科学. 新曜社, 8-21.

神谷真巳（2016）地域で親子の発達を支える──発達センターでの取り組み. 永田雅子（編著）妊娠・出産・子育てをめぐるこころのケア. ミネルヴァ書房, 233-242.

永田雅子（2012）シンポジウム 地域の中での発達支援の枠組み──市町村規模による支援の取り組み. 乳幼児医学・心理学研究, 21(1), 31-36.

永田雅子・佐野さやか（2013）自閉症スペクトラム障害が疑われる2歳児の母親の精神的健康と育児ストレスの検討. 小児の精神と神経, 53(3), 203-209.

2章 児童の発達障害

藤尾未由希・稲田尚子

Ⅰ. 事例の概要

対象者（A）：11 歳（小学 5 年生），女児。

家族の状況：父親（50 代前半，会社員），母親（40 代後半，パート）と都内で暮らしている。

既往歴：なし。

Ⅱ. 生活歴・経過概要

1. 生活歴および現病歴

妊娠，出産時に異常はなかった。0 歳児の頃から寝つきが悪く，音に対する敏感さがみられ，神経質な子どもと感じていた。掃除機の音や電車の音が特に苦手だった。食べられないものがいくつかあり，果物，生野菜は今でも苦手でほとんど手をつけないので，幼少期から同じようなレパートリーの食事になっている。

Aが 1 歳のときに，父親の転勤にともない，都内に転居した。知らない土地で，親しい知人がいなかったこともあり，転居後は母親と 1 対 1 で過ごすことが多くなり，幼稚園入園まで，同年齢の子どもとの関わりは少なかった。図鑑を黙々と読んでいるなど，ひとり遊びが多かったが，入園すれば変わるかもしれないと考え，様子を見ていた。

3 歳から私立の幼稚園に入園した。少人数の園で個別の声かけがあったこと，自由時間の多い園でのびのびと過ごせたことなどから，大きなトラブルはなく通園していた。参観日や行事のときに見るかぎりでは，集団の中にいるものの，同年齢の他の子どもと一緒に遊んだり，協力して何かをつくった

りしている様子がなく，気がかりには思っていた。自宅では，遊びに集中すると周りが見えなくなってしまい，食事や着替えなどが進まず，最終的には母親や父親が食べさせたり，着替えさせたりすることが多かった。予定の変更があるとかんしゃくを起こしていたため，あまり外出等の予定を入れず，Aのやりたいようにやらせていた。

　小学校入学以降，プリントの整理や連絡帳の記入ができないといったことがあったが，母親が，担任やクラスメートの保護者から宿題の範囲や持ち物の情報を教えてもらうなどして対応していた。4年生になると，自主性が求められるようになり，持ち物の管理や集団行動ができないことについて，注意を受けることが多くなった。対人関係については，低学年の間は特定のグループに入らず，男女問わず，いろいろなグループを転々としながら過ごしており，Aもそれが心地よかったようである。学年があがるにつれて，周りの子が特定のグループで動くことが多くなったが，Aは特定のグループに入れず，居心地が悪い思いをするようになった。自分で身だしなみを整えることができず，クラスメートの女児から指摘されることもストレスのようである。学習面については個別の塾に通っており，特に大きな問題はない。

　5年生になり，しばらく経ってから，「怒られてばかりだから学校に行きたくない」と言うようになり，泣いたりイライラしたり，感情が不安定になった。スクールカウンセラー（以下，SC）に相談したところ，得意な面と不得意な面の差が大きい可能性を指摘され，発達障害に詳しい機関に相談に行き，検査等を受けてみることを勧められた。インターネットで検索をし，7月に大学附属の相談室に申し込みをした。

2.　大学附属相談室における受理面接

　Aと母親の2人で，Z大学附属相談室に来談した。AはTシャツにズボンというシンプルな服を着ていた。また，髪は整えられておらず，寝癖がついたままであった。Aの母親は，長い黒髪を後ろでひとつにまとめており，Aと同じく，Tシャツに黒のスラックスという服装であった。清潔感は保たれているが，どこか疲れたような表情であった。

　電話受付の段階で，「発達障害に関する検査を受けたい」という希望が母

親からあったため，受理面接では，A 本人に検査を実施できるかどうかの判断をした上で，適切な検査バッテリーを検討するためのアセスメントを行った。

　受理面接は，母親担当の Y 心理士，A，および A の母親の 3 人で行った。発達障害に関する検査を受けたいと思うようになった経緯や，検査結果からどのようなことを知りたいか，Y 心理士から母親に確認をした。母親は，「小さいころから気になることがありながらも，自宅では親が手をかけて，先回りして生活していたかもしれない。幼稚園や低学年の頃の先生が A に合わせて対応してくれたこともあって，これまで大きなトラブルなく生活が送れていたが，高学年になって，友人関係でのトラブルが増えてきて，このままではまずいと感じて今回申し込みをした」とこれまでの経緯を話した。また，「A が『怒られるから学校に行きたくない』と毎晩泣いてパニックのようになる状態が続いており，なだめたり，諭したり，親としていろいろな対応をしてきた。どれもうまくいかず，自分もまいってきている。担任も，一斉指示が通りにくく個別の声かけが必要と感じているが，あまりにも声かけが多すぎると A が嫌がるため，どう対応したらよいか困っているようである」と語った。SC に相談したのち，インターネットで検索したところ，自閉スペクトラム症（以下，ASD）や注意欠如・多動症（以下，ADHD）が A に当てはまると感じたが，自宅で A にどのように接したらよいか，担任にどのように伝えたらよいか，アドバイスがほしいという希望であった。A 自身は，今困っていること，嫌だと感じることについて，「先生とか他の子がいつも A にばかりいろいろ言ってくる。だから学校に行くのが嫌」と語った。

　今よりも学校生活を送りやすくするために，いくつかの検査を実施することを A と母親に説明したところ，双方から合意が得られた。

Ⅲ．ここまでの見立てと検査バッテリー

　「友人関係の困難さ」「指示の聞き逃し」の背景を理解することを目的に，検査バッテリーを組んだ。これまで知能検査を受けたことがなかったため，

全体的な知的発達をアセスメントすることを目的に，WISC-Ⅳ知能検査を実施することにした。また，家庭，学校での様子から，ASD 特性，ADHD 特性を調べるための検査が必要と考えられた。ASD 特性に関しては，保護者面接尺度として PARS®-TR[*1]，本人の行動観察尺度として ADOS-2[*2] を実施することとし，また A の場合，生活歴などから感覚過敏も想定されるため，SP 感覚プロファイル（以下，SP[*3]）を検査バッテリーに追加した。ADHD 特性については，Conners 3[*4] の保護者用を用いた。また，認知発達や発達障害特性の強さだけでなく，日常生活における適応行動の獲得状況をアセスメントするため，Vineland-Ⅱ適応行動尺度[*5] を行うこととした。

Ⅳ．実施場面

　時間よりも少し前に来室した。母親が受付をしている間，A は待合室の本棚にまっすぐ向かい，受理面接の日に読んでいた漫画の続きを読みはじめた。時間になり，A の検査を担当する W 心理士が声をかけるも反応はなく，母親が本を取り上げようとしたが，W 心理士は A と母親に，きりのいいところでと声をかけ，少し待つことにした。母親や心理士が待っていることを気にするそぶりは見られなかったが，一区切りしたところで本棚に漫画を戻し，検査室に移動した。

　検査 1 日目は，A に WISC-Ⅳ，母親に Vineland-Ⅱを実施し，2 日目は，A に ADOS-2，母親に PARS-TR，SP，Conners 3 を実施した。

---

*1　Parent-interview ASD Rating Scale-Text Revision（パース・ティーアール／親面接式自閉スペクトラム症評定尺度テキスト改訂版）
*2　Autism Diagnostic Observation Schedule Second Edition（エイドス・ツー／自閉症診断観察検査第 2 版）
*3　Sensory Profile（エスピー）
*4　Conners 3rd Edition（コナーズ・スリー）
*5　Vineland Adaptive Behavior Scales, Second Edition（ヴァインランド・ツー／ヴァインランド適応行動尺度第 2 版）

Ⅴ．検査結果（主たる要点のみ）

実施した心理検査の結果の概要について，以下および**表 2-1** に示す。

1．WISC-Ⅳ

　10 の基本検査を実施し，検査時間は全体で約 80 分であった。入室，退室時の挨拶はきちんとできていた。冊子を使う下位検査では，検査者の説明や記録を待たず，自らページをめくって次々回答しようとしたが，検査者が制止すると応じることができていた。また，言語系の下位検査では，「この前テレビで〇〇ってやってて……」と，問題文の言葉が刺激となって話が脱線する様子があった。検査中，空調の音を「何の音ですか？」と気にする様子がみられ，説明を聞き逃すこともあった。

（1）知的水準

　全検査 IQ（FSIQ）は 99 で，「平均」であった。群指数は，言語理解=107，知覚推理 =106，ワーキングメモリー =91，処理速度 =86 で，言語理解と知覚推理は「平均～平均の上」，ワーキングメモリーと処理速度は「平均の下～平均」に位置した。群指数間に有意な差が認められ，言語理解・知覚推理＞ワーキングメモリー・処理速度であった。

（2）下位検査

　群指数をみるとすべて平均の範囲内であるが，下位検査のプロフィールにはアンバランスさが認められた。下位検査のうち最も評価点が高かったのは「単語」であった。難しい抽象的な言葉を説明できる一方で，日常的な言葉が説明できないなどのアンバランスさはあるものの，本などで学んだ知識が定着しているようである。言語理解指標の「理解」，知覚推理指標の「絵の概念」が，同一指標内の他の下位検査よりも評価点が低かった。「理解」では，「そういう決まりだから」という回答が目立ち，様々な視点から回答することや明示されない日常的なルールの意味を自ら把握することの困難さがうかがわれた。「絵の概念」では，グループ分けの理由について，「これも曲がってて，これもここが曲がってるから……」など，色や形といった視覚的

な特徴に注目し，機能という共通点に注目することが困難であった。いずれも物事を表面的にとらえる傾向を表しており，WISC-Ⅳの反応内容から，ASD 特性がいくらかうかがわれるという結果であった。

　ワーキングメモリー指標の「語音整列」は，目を閉じて集中して取り組んでいた。「数唱」の逆唱をするときには，一度復唱してから逆唱するという方法をとっていたが，4 桁の段階で，正しく復唱したのち，逆唱の途中で混乱する様子が見られた。聴いたことを短期間そのまま覚えることができるものの，覚えた情報を操作しようとすると，その情報を忘れてしまう可能性が考えられた。「語音整列」も同様で，記憶刺激が 4 桁になると，復唱はできるが並べ替えに失敗する試行があらわれはじめた。また，集中できるときとできないときがあり，得点の割に試行数が多くなったことも A の特徴である。

2. ADOS-2

　結果は，対人的感情 =17 点，限定的・反復的行動 =2 点，対人的感情＋限定的・反復的行動 =19 点であり，ADOS-2 による診断分類は，「自閉症」であった。

（1）対人的感情

　視線はやや合いにくく，また他者に表情を向けることはいくらかあったが，表情の幅はやや狭い。流暢に話したが，抑揚にやや乏しく，聞き取りにくい場合もあった。会話場面では，好きな食べ物や嫌いな食べ物などを尋ねると答え，検査者が「好きな食べ物がある」と言うと「何が好きなんですか？」などと検査者に質問したが，それ以外の場面で検査者について質問することはなかった。自分の好きな食べ物や宇宙の話を一方的に話すなど，双方向的に会話を展開することは難しかった。ASD では乏しいといわれる身ぶりについてはクモの大きさを身ぶりで示すなど，会話場面で自発的な叙述的身ぶり*6 の使用がみられた。

　自分の感じている感情については，どんなときに喜怒哀楽を感じるかを話

---

*6　目の前にない対象物について伝えるために，その形や大きさ，動き等を示すような身ぶり。

すことはできたが，そのときにどのように感じているかについて説明することができなかった。他者の感情については，本の登場人物が怒っている，びっくりしていると言い，日常場面でも先生たちが困っている，クラスメートが喜んでいたりすると話すことができ，他者の基本的な感情については理解し語ることができる。また，自分が持ち物の管理ができていなかったり，休み時間が終わっても教室に戻らないことで先生が困っていると話し，自分の行動が他者の感情に影響することも理解しているようである。教室の雰囲気が嫌いで，一人のほうが落ち着くなどと語り，自分のことをある程度客観的に理解する力ももっている。一方で，親密な友人関係はもてていないようで，友人は5人くらいいると話すが，その友人とクラスメートとの関係性の違いは説明できず，人間関係の理解が不十分であることが示された。検査場面では，検査者の様子にあまり注意を払っておらず，短い休憩の際，検査者が椅子を動かしたり，検査用紙を机の上に置くなど，やや大げさに休憩が終わった合図をしたが，全く気づかずに休憩用のおもちゃで遊んでいた。

(2) 想像性，限定的・反復的行動

　人形を使って一人でごっこ遊びをしてもらう課題では，宇宙人が人間を支配しようとして地球に侵略してきた，人間が立ち向かっていくという話を作ってくれたが，人形は動かさずにストーリーを話すのみであった。その後，検査者と一緒に遊ぶ課題場面で，検査者が人形を使ってサッカーボールを蹴ると，人形を使って同様に蹴り返したが，その後すぐにその前に作っていた宇宙の物語の続きを話しており，行動や気持ちの切り替えの難しさがあった。複数の場面で，宇宙の話題を繰り返し話し，興味の限局と反復性がみられた。

(3) その他の行動特徴

　検査には特に不安などを示さずに参加したが，本のストーリーを話す課題や，絵の中にあるものを叙述する課題では，しばらく考え込んでから話しはじめ，情報が多い場合には何を選んで話せばよいのかを決めるのに時間がかかるようであった。部屋の中を動き回るなどの多動さ，人への攻撃的な行動はみられなかった。

(4) ADOS-2 まとめ

　Aは，言語能力は年齢相応の力をもっているが，対人的コミュニケーショ

ン能力には弱さがみられる。特に会話を続けることと対人関係性を理解することに苦手さがみられる。一方で，自分の行動が他者の感情に影響を及ぼしていることなどはある程度理解していることから，自分の行動を客観的にモニタリングする一定の力は有していると考えられる。しかしながら，まだ理解するだけにとどまっており，そこから自分の行動をどう調整していくべきなのかを考え，自分の行動を選択していくことについては，今後の学習やスキル獲得が必要である。また友人関係の親密度など，目に見えない心理的な距離感についても学んでいく必要があると考えられる。

3. PARS-TR

　幼児期ピーク得点は 15，児童期得点は 20 で，いずれもカットオフ値を超えていた。幼児期では，「他の子どもに興味がない」「一方通行に自分の言いたいことだけを言う」「身体に触れられることを嫌がる」，現在は，「年齢相応の友達関係がない」「人から関わられた時の対応が場にあっていない」「身体に触れられることを嫌がる」などの評定が高かった。対人的関心の低さ，双方向的コミュニケーションの困難さ，感覚の過敏さが幼児期から現在に至るまで見られており，これらは一時的なものではなく，ASD 特性によるものと考えられる。

4. SP

　回答はすべて丁寧に記入されており，未回答項目などはなかった。
　「象限[*7]」スコアを見ると，「感覚過敏」と「感覚回避」が平均よりも高いスコアとなっていた。「感覚処理」のセクションのうち，「聴覚」のスコアが「非常に高い」，「触覚」スコアが「高い」という結果であった。A 本人からの明確な訴えはないが，幼少期から認められる聴覚の過敏性が現在も高い水準であること，日常的にこれらの刺激を回避しようとしているという結果であった。

---

*7　感覚刺激に対する反応傾向の特徴を示す。感覚に対する閾値の高低と，感覚刺激に対する行動反応が受動的か能動的かの 2 次元から，「低登録」「感覚探求」「感覚過敏」「感覚回避」の 4 つの象限に分かれる（Dunn, 1997）。

　教室内には，多くの人が意識できないレベルの様々な聴覚刺激があるが，
Aの場合，聴覚刺激への過敏性があるために，それらすべてを受け取って
しまっている状態と考えられる。こうした聴覚刺激への過敏さから，「授業
に集中できない」という状態につながっている可能性がうかがわれた。

5.　Conners 3

　Tスコアが高かった下位尺度は，「友人関係」「不注意」であった。ガイド
ラインにおいて，「友人関係」は「非常に高いスコア（典型的な報告よりも
懸念がかなり多い）」に，「不注意」は「高いスコア（典型的な報告よりも懸
念が多い）」に位置する。ADHDのもうひとつの症状である「多動性／衝
動性」のTスコアは58で，平均的な値であった。
　その他，Tスコアが「平均内高位（典型的な報告よりも懸念がやや多い）」
（60～64）に位置づいた下位尺度は，「実行機能」であった。

6.　Vineland-II

　適応行動総合点は65であった。平均100，標準偏差15であるため，同
年齢の平均よりも低い値といえ，日常生活における適応行動全般に困難を抱
えていることがわかる。
　「コミュニケーション領域」の標準得点は69で，同年齢の平均よりも低
い値であった。下位領域のv評価点[*8]を見ると，「受容言語」「表出言語」と，
「読み書き」との間にアンバランスさが認められた。Aの場合，関心のある
情報であれば集中して話を聞くことができるが，関心のない話を聞くことが
難しいようである。また，「表出言語」の項目から，誕生日や住所など，自
分に関する知識情報については答えることができるが，「経験を詳細に話す
（例えば，誰が一緒だったか，どこであったかなど）」など，出来事を他者に
わかりやすく系統的に話すことが苦手であることがわかった。
　「日常生活スキル領域」の標準得点は70であった。この領域における課
題は「身辺自立」であり，歯磨きや入浴などの基本的な身辺自立行動につい

---

*8　平均15，標準偏差は3である。

て，自発的な行動としてあらわれにくく，現在も保護者の促しや手伝いが必要となっている。母親に尋ねると，「めんどうくさい。どうしてお風呂に入らないといけないのかわからない」と言っており，他者にどう思われるかという視点で行動することの苦手さが，身辺自立の困難につながっていると考えられた。反面，「地域生活」のｖ評価点は平均的で，社会的に決められたルール・規則に沿った行動は身についていることがうかがわれた。

　「社会性領域」の標準得点は67であった。「対人関係」「コーピングスキル」からは，他者の気持ちを推測すること，他者に合わせるかたちで，自分

表2-1　実施した心理検査の結果の概要

WISC-IV	FSIQ　99
	言語理解　107
	類似12　　単語14　　理解8
	知覚推理　106
	積木模様13　　絵の概念8　　行列推理12
	ワーキングメモリー　91
	数唱8　　語音整列9
	処理速度　86
	符号8　　記号探し7
ADOS-2	対人的感情　17
	限定的・反復的行動　2
	対人的感情＋限定的・反復的行動　19
	ADOS-2診断分類　自閉症
PARS-TR	幼児期ピーク　15　　児童期　20
SP	低登録　平均的　　感覚探求　平均的
	感覚過敏　高い　　感覚回避　高い
Conners 3	不注意　68　　　　多動性／衝動性　58
（Tスコア）	学習の問題　59　　実行機能　62
	挑戦性／攻撃性　51　友人関係　78
Vineland-II	適応行動総合点　65
	コミュニケーション　69
	受容言語　10　　表出言語　9
	読み書き　15
	日常生活スキル　70
	身辺自立　8　　家事　11
	地域生活　14
	社会性　67
	対人関係　9　　遊びと余暇　10
	コーピングスキル　10

の気持ちや行動を調節することが難しいことが読み取れる。Vineland-Ⅱ における「遊びと余暇」は，他者との遊びに焦点が当てられており，Aの場合，誘われれば参加するが，積極的に参加するわけではないため，本人の苦手さが検査でよく捉えられたと考えられる。

　総じて，①相手に合わせてコミュニケーションや行動を調節することに困難を抱えており，対人関係を維持する際に必要な適応行動が獲得できていないこと，②日常生活を送るための基礎的な身辺自立に関するスキルが身についていないことがうかがわれた。

Ⅵ. 報告のまとめ

　全体の知的水準は「平均」であったが，下位指標間に差が見られており，言語理解指標や知覚推理指標に比べて，ワーキングメモリー指標，処理速度指標が低いという結果であった。言語理解指標，知覚推理指標はいずれも平均の範囲内であったが，回答内容からは表面的な特徴に注目する傾向が見られ，視覚的思考などのASD傾向がうかがわれた。

　ADOS-2の結果，現在の対人コミュニケーション様式やこだわりなどの行動様式は，ADOS-2の診断分類では，自閉症と分類された。また，PARS-TRの幼児期ピーク得点もカットオフ値を超えており，これらの行動様式が何らかのストレス等で一時的に生じているわけではなく，幼児期から継続してみられていると判断できる。Vineland-Ⅱの「コミュニケーション領域」「社会性領域」も平均を下回っており，対人関係を維持する際に必要な適応行動が，現時点では獲得できていないことがうかがわれる。すべての検査の結果から，相手の興味関心に合わせた「双方向のコミュニケーション」の苦手さを抱えていることが，共通して読み取れた。高学年になって，A自身も違和感を抱いている，友人関係の困難さの背景要因と考えられる。

　Conners 3では，不注意傾向がみられる一方で，多動−衝動性の傾向は目立たず，不注意優勢型のADHDである可能性が考えられた。SPの結果からは，聴覚刺激への過敏さから，不注意傾向が増し，「授業に集中できない」という状態につながっている可能性もうかがわれた。

　Aへの支援については，①A本人と保護者がAの発達特性について理解を深めること，②Aの特性について学校と情報共有して声かけの仕方や視覚的工夫などの環境調整を図ること，並行して，③同年代との双方向コミュニケーションに必要なスキルをロールプレイなどを通して身につけること，④年齢相応の身辺自立行動について，他者視点に焦点を当てながら理解を深めることの4つが主に考えられる。特に③④の本人への心理支援を考えるうえでは，Aの「学んだことを理解し，ルールに沿って行動することができる」という強みを生かすことが重要であろう。例えば，日常生活の中にある「暗黙のルール」を一つひとつ系統的に学ぶ機会があれば，そうした場面でのふるまい方について，徐々に身につけていけると思われる。

Ⅶ. 検査結果のフィードバック

　受理面接で語られた主訴である，「友人関係における困難」「指示の聞き逃し」に関連することを中心に，Aと母親にフィードバックを行った。検査の結果わかった得意なことと，苦手なことの両方を説明するとともに，ASD特性やADHD特性については，長所と短所の両面があることをA本人にもわかりやすく伝えることに留意した。また，Aの抱えている困難への対応として，Z大学附属相談室でできることを伝え，支援の道筋が見えるようにすることにも留意し，フィードバックを行った。

　最初は母子同室で検査結果のフィードバックを行った。WISC-Ⅳの結果について，学校等で学んだことを身につけられていることを伝えると，Aは少し微笑み，うれしそうな様子を見せた。苦手なこととして，言われたことをしばらく頭の中で覚えておくことを挙げ，こうした聞き逃しの背景のひとつとして，聴覚過敏の影響の可能性があることを，母親が記入したSPの結果を用いてAにも説明した。Aは，「みんなはうるさく思っていないの？」と驚いており，目に見えない感覚の過敏さが数字としてあらわれることで，自分の抱えるつらさが理解できたようである。

　ADOS-2，PARS-TR，Vineland-Ⅱの結果からは，自分の好きなこと，関心のあることを話しすぎてしまうところや，身だしなみなど自分で身の回

りのことを整えることが苦手であることを共有した。趣味や興味関心の対象があることは，楽しく生活するうえで大事な力であることを伝えたうえで，他の子も同じ趣味や興味関心を持っているとは限らないので，友だち探しのコツや，相手に自分の好きなことをわかってもらう話し方のコツをつかむと，居心地のよい友だちを見つけやすくなると話した。身辺自立に関して，「Aは他の子のことは気にならないけど」と話していたが，中にはそれが気になる子もいること，今より少し気をつけるようにすれば，友だちにいろいろ言われることが減ってAも楽になることを伝えると，納得した様子であった。

　その後，Z大学附属相談室で行える支援として，「PEERS[*9]」と，「ソーシャルストーリー」を用いた支援を紹介した。PEERSは，11〜18歳の子どもを対象とした友だちづくりのためのプログラムで，毎週1回90分，14回のセッションで構成される（ローガソン & フランクル, 2017）。本人向けのセッションと並行して保護者セッションが行われており，親子で同じ目標に向かって取り組めるようになっている。セッションには，「双方向会話」「自分に合った友だちを選ぶ」といったテーマが設定されており，検査の結果，「双方向のコミュニケーション」に困難を抱えるAが，自分に合う友人を見つけ，その関係を維持していくために有効なプログラムであると考えた。ソーシャルストーリーは，他者視点の獲得に有効であり，身だしなみや入浴等，基本的な身辺自立がなぜ必要か，どのような手順を踏めばよいか，丁寧に考えていくことができる素材である（グレイ, 2005）。2つの支援の説明を受けて，母親は，「みんなと仲良くならなくてもよいけれど，気の合う友人が見つけられて，低学年のときのように少しでも学校が楽しくなれば」と話し，PEERSへの参加に意欲的であった。A本人も，「友だちと楽しく話せるようになるなら，やってみたい」と希望したため，まず，10月から開始のPEERSに参加することとなった。

　当面の方針が決まった後，母親とだけ話をする時間をとった。母親には，上記の結果に加えて，Conners 3の結果から，不注意優勢型のADHDに当てはまると考えられることを伝えた。不注意傾向や感覚過敏は生まれもっ

---

*9　Program for the Education and Enrichment of Relational Skills（ピアーズ）

た特性であるため，A 本人の努力だけで解決できるわけではないこと，声
かけや特性に合った指示の出し方など，環境面の工夫が非常に重要であるた
め，学校とも情報共有をしたいということを話した。母親の了承が得られた
ため，検査結果について学校と共有することの許可を A からも得て，学校
との連携について合意が得られた。支援に際しては，保護者に対する心理教
育および学校における環境調整を実施し，並行して，本人に対する支援を行
う方針で進めることとした。

Ⅷ. その後の経過

1. 保護者への支援の展開

　PEERS の保護者セッションに参加してもらう中で，A に対する理解を深
め，特性に応じた対応や工夫がなされることを目的とした。環境調整を行っ
てから，個別のプログラムを実施することが一般的ではあるが，A 本人が
「友だちと楽しく話せるようになりたい」と意欲的であり，プログラムが開
始するタイミングでもあったため，PEERS への参加から，保護者支援を開
始した。セッションには，スケジュールの関係で，母親が参加した。セッ
ションやホームワークに取り組む中で，「A の興味に沿って，友だちづくり
をサポートする」ことについて発見が多かったようである。4 回目のセッ
ションの後，母親は，「最近，友だち関係のトラブルが多くなってきたこと
もあって，高学年の女の子だから，こういうテレビ番組，趣味に関心をもっ
たほうがよいのではと思い，知らず知らず，誘導しようとしていたかもしれ
ない」と話した。A がどのような子と気が合うのか，どのような場所で A
と興味が似た子と出会えるのか，どのような活動であれば A が友だちと過
ごしやすいのか考えることで，A の興味関心を起点に，具体的なアドバイ
スができるようになった。

　PEERS 終了後，母親は 2 週に 1 回のペースで Y 心理士と定期的に面接
を行うことを希望した。家庭や学校での A の様子で気になるエピソード，
対応に困ったエピソードをあげてもらい，声かけや家庭でできる工夫につい
て一緒に考える場とした。あげられたエピソードは，身辺自立関連のことで，

①入浴や歯みがきなど何度も声かけしないとできず最後には母親も口調が強くなり言い争いになってしまうこと，②出かける準備や片付けなど身の回りのことを自分でできず母親任せになっていることが中心であった。Aの不注意傾向，聴覚的なワーキングメモリーの弱さについての心理教育を再度行い，①については，夜の時間帯にやってほしいことをリストにして，視覚化し自己チェックできるようにする，②については，学校関連のものと塾関連のものを空間的に分けて整理するようにし視覚的にわかりやすい配置を考えるなどの対応を相談した。それぞれ，実際に親子で作ったやることリストや，部屋の持ち物の置く場所を変更した写真等を見せてもらいながら，数回の面接を通して行動の変化を確認，相談することで，Aが動きやすい家庭環境が整っていった。

2．学校との連携による環境調整

　Aと母親がPEERSに参加している間に，Y心理士は，担任・SCに検査結果の説明をするために，学校を訪問した。Aの現状として，学習への意欲はあるが，聴覚過敏と不注意傾向が重なって，授業に集中できない状況になっていることを説明した。まず，Aを含むクラス全体にとって見通しがつきやすい方法として，授業の流れを黒板に書いておくなどの工夫があることを伝えた。その後，母親に様子を尋ねたところ，Aは，指示を聞き逃しても，黒板を見て，今が何の時間か自分で確認することが少しずつできるようになり，自分のタイミングで作業を開始できる機会が増えたという。また，担任がAの視界に入って合図を出すようになったことで，Aも個別の指示をあまり嫌がらなくなった。聴覚過敏については，Aとも相談して，雑音を取り除く耳栓を使用することにし，学校に使用の許可を得た。自分から効果を報告することはなかったが，母親が聞いてみると，「前は耳にいろんな音が集まって痛かったけど，今は少なくなって，話が聞きやすくなった」というような内容を語り，一定の効果がうかがわれた。

　1カ月後にAの学校での様子を見るためにY心理士が再訪問したところ，時折ぼんやりと考えごとをしている姿があったが，担任の合図で授業に参加できている様子や，休み時間に少人数で本を読みながらAのペースで無理

なく過ごしている様子が見られた。

3．Aへの支援の展開

　PEERSには，Aを含めて，11 〜 13歳のASD傾向が認められる女児4人が参加した。Aはすべてのセッションに休まず参加した。PEERSへの参加を通して，Aは「共通の興味を見つける」「会話の独り占めをしない」など，わかりやすいキーワードで細分化された会話のルールを系統的に学び，ロールプレイを通して体験的に，コミュニケーションのルールを理解することができた。もともとまじめな性格であることもあり，各セッションの宿題にも真剣に取り組んでいた。2カ月半にわたるセッションが終わるころには，同じゲームやアニメが好きな友人を見つけ，休み時間はその友人と過ごすようになった。自宅でも学校でも，つい自分のことを話しすぎてしまうことがあったが，「一緒に映画を観にいく」など，会話がなくとも一緒に過ごせる活動があることをセッションで学んでいたため，母親の助言もあり，そうした活動も利用しながら，友だちとの関係を築いていった。

　PEERSプログラム終了後，PEERSのフォローアップをしながら，検査のフィードバックの際に説明した，ソーシャルストーリーを用いて，身辺自立等身の回りのことを自分でできるようになる力をつけていくのはどうか，とAに提案した。Aの同意が得られたため，1回50分の面接を隔週で行うこととなった。Aの面接を担当することになったV心理士は，身辺自立に関するテーマなど，毎回1題ソーシャルストーリーを用意し，面接時間の中でワークを行った。身だしなみについて，「自分にとってはあまり重要なことではない」ということは変わらなかったが，「周りの人からだらしなく見え，友だちづくりに影響する」ということを理解できた。V心理士と一緒に，最低限守ったほうがよいチェック項目を作成し，自宅でも，学校でも意識するようになった。

　2年後の4月，地元の公立中学校に進学してからは，1カ月に1回の面接となり，近況報告と，その時々で，「LINEが返ってこないときはどうしたらよいのか」などの友人関係の悩みや，「どういうところで服を買えばよいか」などの日常生活の困りごとへの対応について，一緒に考える回が続い

ていた。同年 9 月以降，2 〜 3 カ月に 1 回に間隔をあけて面接を続け，翌年 3 月，A の担当心理士である V 心理士の退室を機に終結となった。

IX. まとめ

　知的障害を伴わない ASD，ADHD のある児の場合，本人も周囲も幼少期から多少の違和感を抱きながらもそのニーズが見逃され，高学年になって問題が顕在化することがある。ASD，ADHD を併存する児童といっても，特性のあらわれ方は様々であり，適切な心理検査を組み合わせて，その子どもの発達の全体像をアセスメントする必要がある。その際，構造化された検査環境の中でのやりとりから，全般的な知的発達や発達障害特性をアセスメントすることに加え，「日常生活において必要とされる適応行動がどれくらい身についているのか」という視点を持つこと，本人の興味や関心，周囲の大人のサポート状況や使える資源など，インフォーマルなアセスメントも並行して行うことが重要である。こうした包括的なアセスメントがあって初めて，オーダーメイドの支援を展開することができ，一人ひとりの子どもが安心して生活し，その子どもが本来持つ力を十分に発揮することができるのである。

【引用文献】

Dunn, W. (1997) The impact of sensory processing abilities on the daily lives of young children and their families: A conceptual model. *Infants and Young Children*, **9**(4), 23-35.

グレイ，キャロル（著），服巻智子（監訳），大阪自閉症研究会（編訳）(2005) ソーシャル・ストーリー・ブック——書き方と文例．クリエイツかもがわ．

ローガソン，エリザベス／フランクル，フレッド（著），山田智子・大井 学・三浦優生（監訳），山田智子（訳）(2018) 友だち作りの SST——自閉スペクトラム症と社会性に課題のある思春期のための PEERS トレーナーマニュアル．金剛出版．

3章
思春期の問題行動

荻布優子・川崎聡大

I. 事例の概要

対象者（A）：中学2年生，男性。

既往歴：なし。

家族：両親（共働き），妹（小学4年生）。

申込者と経緯：両親が，不登校の状態で万引きをしたAを心配して，中学生が安価でカウンセリングを受けられる施設をインターネットで探し，大学併設のZ相談室に申し込んだ。

保護者の願い：Aに万引きをやめてほしい。部活動だけでもいいから学校に行ってほしい。

対象者（A）の主訴：何をやってもうまくいかない，学校に行きたくない。

II. 生活歴・経過概要

1. 保護者からの聞き取り

（1）出生から乳幼児期

出生時1,250g，出生した病院にて3歳まで未熟児外来の定期フォローを受けた。3歳児健診は通過。母子手帳の記録によると，特筆すべき事項はなし。3歳から子ども園に入園，友人関係も良好であり，聞き分けもよく，育てやすい子どもであった。就学時健診も通過し，未熟児であったが就学までに追いついたと思い安心していた。

（2）児童期

健康で，運動好きの活発な子どもだった。地域のスポーツクラブでサッカーを始めてから熱中し，将来の夢は「プロサッカー選手」だといって週に

3回熱心に練習に通っていた。父親もサッカーが好きで熱心に応援していた。学校でも明るくひょうきんな性格で，歴代の担任からは「クラスのムードメーカー」といわれ周囲の信頼も厚く友だちも多かった。この時期（小学3年生の頃）のエピソードとしては，「サッカーの練習に行きたいばっかりに宿題をさぼることが時々あった」という程度であった。

　いつからか連絡帳を書かずに帰ってくることが増え，宿題が出ていないのかと思っていたが，5年生のときに学校から電話がかかってきて「1学期の間，宿題のプリントやワークをひとつもやっていない」と聞いて，保護者は「大いに驚いた」とのことであった。宿題を毎日保護者が見ることにしたところ，一日3時間程度と非常に時間はかかったが全部終わらせることができるようになった。通知表は5段階評価の2や3がほとんどだった。5年生の2学期以降，「俺どうせバカだし」と時々言い始めたが，保護者は教えたらわかるようにはなるので，あまり心配には思わなかった。当時の担任からも，1学期の連絡以降，学習面に関してとくに指摘はなかった。サッカーで県選抜チームに選ばれ，多少勉強が苦手でも，サッカーを生きがいにしていってくれたらと思っていた。

（3）中学入学後から相談申し込みまで

　中学校ではサッカー部に入部して，6月の大会からメンバーに選ばれた。朝練もあって毎日部活動に明け暮れていた。中学校に入学して最初の定期試験は学年で下から10番目となり，Aはとてもショックを受けたようであった。また，保護者も非常に驚いた。この頃から授業中にしゃべって怒られたり，ノートをとらなかったり，クラスで1番だった友だちを「がり勉」とからかったりして，生徒指導の教員に呼び出されたこともあったようである（夏休み前の保護者面談で担任から聞いたとのこと）。1学期の成績も悪かったため，夏休みの宿題を含め勉強には前向きに取り組むだろうと思っていたところ，宿題も全然手つかずで，夏休み明けに担任に少し厳しく指導を受けたようである。すべて提出できるまで放課後は居残りになり，部活動に参加できない日が続いた。練習に参加していないのでメンバーから外され，9月末の試合に出ることができなかった。10月から朝起きてこなくなり，休みがちになった。教師や部員たちは当時の本人の心情を「試合に出られなかっ

たのがショックだったのだ」と捉えていたと思う。両親は毎朝，仕事に行く前に声をかけており，昼間に担任や部活動の顧問が電話をかけたり家庭訪問したりした際には変わった様子は見られなかったので，ここまでの状態になっているとは全く想定していなかった。

　最初に万引きをして母親の職場に電話がかかってきたのが12月頃で，家に引きこもっているのだとばかり思っていたため，たいそう驚いた。その後もお店を変えながら万引きを繰り返すようになった。現状はどの店も「初めてだから」と警察には通報せずにいてくれているが，いつ補導され大事になるのか，またAの将来を思うと気が気でない。怒っても「ごめんなさい」とは言うけれども，何度も繰り返し，全く効果がない。父親はサッカーについて積極的に本人を応援し，小学校の頃より練習に付き合ったり送迎を積極的に担ってくれていたが，学習面に関しては「本人の努力の問題」「サッカーもあれだけがんばれるのだから勉強もその気になれば」という程度で関心は薄い。母親としての印象だが，部活動を休みがちになってからは本人と父親の関係が少し疎遠になっているように思う。

2. 対象者本人からの聞き取り

　Aに聞き取りを行ったところ，「毎日むしゃくしゃしていて，学校に行きたくない。部活はできないし，勉強も嫌いでやりたくない」とのことであった。万引きをしてはいけないのはわかっているが，万引きしたら父親が迎えにきてくれるかと思ったという。母親には内緒にしておいてほしいとも語った。

　中学校では勉強をしないと，部活動や他のことを何もやらせてもらえないとAは話した。「でも俺はバカだから。字が汚くて中学1年生ではなく小学1年生の字だって友だちや先生から言われている。教科書や問題集をずっと見ていると，くらくらしてくる」。サッカーの練習であれば何時間でも集中できるが，勉強のときは「集中力がない」。小学校でも勉強は苦手だったが，休み時間と体育が楽しみだった。今は学校の方針として，宿題が未提出であったり通常の授業に出席していなかったりする場合，部活動への参加が認められていないという。「学校では怒られるし，からかわれる。サッカーも

できないし，勉強もできないし，毎日つまらない。母が心配しているのも，自分がダメなことをやっているのもわかっているけど，自分では何ともできない」。今日は，母親に誘われ，「暇だったし，家にいてもむしゃくしゃするだけだし」，暇つぶしにきたとのことだった。

Ⅲ．ここまでの見立てと検査バッテリー

1．初回の見立てと検査バッテリー

　初回は保護者から主に生活歴と来所に至った経緯，Aからも来所に至った経緯や現状に対する思いについて，それぞれ別室で聞き取った。Aは心理士に対しては敬語を使い礼儀正しく話をした。距離感の取り方は適切であり，コミュニケーションや社会性の課題があるとは考えにくかった。なお，自分の行為に対する後ろめたさや保護者（母親）への罪悪感も話の合間に垣間見えた。現在の行動上の問題だけを取り上げると，不登校状態や「万引き」といった触法行為にフォーカスが当たるが，行動上の問題を表面的にとらえるのではなく，発達の時間軸を考えた行動の背景の読み解き（インフォーマルアセスメントに基づく）が介入の端緒になる。

　中学校における不登校状態の直前の出来事は「登校しにくくなる直前に部活動でレギュラーメンバーから外れ，試合に出場できなくなった」ことであり，これまでのAの生活の主軸に置かれていたサッカーから距離をとらされる状況が不登校の契機となったのではないかと推測された。さらに，本人にとって自己を支えていた部活動が制限された背景について時間軸を辿る必要があると考えられた。部活動に参加できなくなった直接的な原因は，夏休みの宿題を提出できなかったことである。では，宿題を提出できなかった背景にはどんな事情があったのだろうか。小学校時代のエピソードを勘案すれば，その段階から学習困難の状態を呈していたこと，その点に対する周囲（保護者・学校）の理解と気づきは決して十分ではなかったものと考えられる。

　よって，問題の根幹にある「学習不振の背景」を探ることにした。評価に際してはいわゆる限局性学習症（SLD）の有無を明らかにする診断評価の枠組みではなく，本人の特性を客観的に捉え，本人・保護者・学校と共通理

解を持ち，本人の自己イメージの改善ならびに不全感の解消，保護者や学校に対しては効果的な環境調整が可能となるように配慮した。今回，広くマネジメントを行う必要があるため，大学相談室という枠組み（医療機関でもなく，心理検査に別途高額費用を要する機関でもない）での相談を継続した。

　まず対象の全般的知的発達を測定，あわせてプロフィールから認知特性の概要を把握するために，知能検査としてWISC-Ⅳを実施することとした。さらに，認知機能と学習を積み重ねるうえでの基礎となる習得度との乖離の有無を確認するためにKABC-Ⅱ[*1]を実施することとした。

2．追加評価の検査バッテリー

　上述の評価を終えた段階で全般的知能や認知発達の総合的な尺度に明らかな遅れは認められなかったが，その一方で読み書きに関する習得度は低かった。読み書きに特異的な苦手さを有する可能性が考えられたため，読み書きの到達度と読み書きの苦手さの背景として考えうる認知機能について，より詳細なアセスメントを行うこととした。読み書き能力は正確性と流暢性の2側面から評価される必要がある。そこで，読み書きの正確性を評価する目的で改訂版標準読み書きスクリーニング検査（STRAW-R）[*2]，音読の流暢性を評価するためにひらがな音読流暢性検査[*3]を実施することとした。ひらがな音読流暢性検査は発達性読み書き障害（発達性ディスレクシア）を含む特異的読字障害の診断を目的に作成された検査であるが，小学校高学年児童を対象とした研究で読み流暢性低下と学力低下の関係性が示唆されている（荻布・川崎，2016）。なお，STRAW-Rもスクリーニング検査であるため，実際にいくつかの学年配当（小学3～6年生）の漢字を用意し，データを補完することにした。また，読み障害の背景要因である音韻情報処理の課題

---

*1　Kaufman Assessment Battery for Children Second Edition（ケーエービーシー・ツー／KABC-Ⅱ）
*2　ストロー・アール／［宇野　彰・春原則子・金子真人・Takeo N. Wydell（2017）改訂版 標準読み書きスクリーニング検査――正確性と流暢性の評価．インテルナ出版．］
*3　ひらがな音読流暢性検査［特異的発達障害の臨床診断と治療指針作成に関する研究チーム（編），稲垣真澄（編集代表）（2010）特異的発達障害診断・治療のための実践ガイドライン――わかりやすい診断手順と支援の実際．診断と治療社，6-23．］

として音韻障害検出課題[*4]，書きと関連が示唆される視知覚認知機能や視覚性記憶といった視覚情報処理を評価するためにROCFT[*5]を行うことにした。視覚情報処理の総合的なアセスメントパッケージとしてフロスティッグ視知覚検査（DTVP）[*6]やWAVES[*7]があるが，前者は日本版の標準化が 3 版前で止まっており感度に課題があること，また後者は基準値が小学生に限定されること，実施に 30 分程度時間を要すること，さらに追加評価を行いAへの負担が大きくなってきていることを鑑みて，短時間で簡便に実施できるROCFT を採用することとした。

　年齢が上がるにつれ増大する読み書きスキルの苦手さが与える心理面の影響を評価するために，RaWSN[*8]の中から，小学生時代の学習困難尺度（SCLD41）といった質問紙も利用可能であろうと考えられた。主たる適用年齢は 18 歳から 20 代であるが，小学生時代を振り返って評価可能な人であれば 18 歳以下でも支援の手がかりを得られるとされている。

Ⅳ．実施場面

　検査実施日にはA 一人で時間どおりに来所した。A には，何をやってもうまくいかない理由を探す，自分のことをよく知るきっかけになる，と動機づけした。A はリラックスした様子で初回面談よりもやや親しげに心理士に接した。1 日目には WISC-Ⅳ，2 日目には KABC-Ⅱを実施した。いずれも意欲的に取り組もうとしていたが，鉛筆を使用する検査項目で鉛筆を渡すと，サッカーや昨晩観た TV の話など検査とは異なる話題で口数が多く

[*4] 音韻障害検出課題　国立精神神経センター精神保健研究所版［鹿島晴雄・種村 純（編）（2003）よくわかる失語症と高次脳機能障害．永井書店，182．]
[*5] Rey-Osterrieth Complex Figure Test（レイ複雑図形検査）
[*6] Developmental Test of Visual Perception Consulting（ディーティーブイピー）
[*7] ウェーブス／見る力を育てるビジョン・アセスメント WAVES
[*8] Reading and Writing Support Needs scale（ローソン／RaWSN 読み書き支援ニーズ尺度）［高橋知音・三谷絵音（2022）読み書き困難の支援につなげる 大学生の読字・書字アセスメント —— 読字・書字課題 RaWF と読み書き支援ニーズ尺度RaWSN．金子書房．]

なり，なかなか検査を始められないことが多くあった。KABC-Ⅱの習得検
査を実施する際には「漢字か……」「計算か……」とつぶやき，学習に対す
る抵抗感も見受けられた。

　1，2日目の評価を踏まえて，3日目にはSTRAW-R，ひらがな音読流
暢性検査，音韻障害検出課題，ROCFT，SCLD41を実施した。当初の予
定では心理検査は2日で終了予定であったため，検査の追加実施をAに伝
えると乗り気ではなかったが，「うまくいかない理由をもう少し詳しく探る
ため」と動機づけることで，検査実施に同意した。

Ⅴ．検査結果（主たる要点のみ）

1．WISC-Ⅳ

　FSIQ=88（95％信頼区間82-95），VCI=91（95％信頼区間83-100），
PRI=102（95％信頼区間93-110），WMI=85（95％信頼区間78-94），
PSI=81（95％信頼区間74-93）であった。ディスクレパンシーについて
はPRIとWMIおよびPSIの間に有意な差が認められた。

　下位検査のSS（評価点）は「積木模様」=13，「類似」=8，「数唱」=10，
「絵の概念」=10，「符号」=5，「単語」=8，「語音整列」=5，「行列推理」
=8，「理解」=10，「記号探し」=8であった。WMIのうち「数唱」=10，
「語音整列」=5であり.05水準で有意な差が認められた。またPSIでは「符
号」=5，「記号探し」=8であり.15水準で有意な差が認められた。鉛筆を
握る手に力が入り符号の書き写しに時間がかかる様子が観察された。

2．KABC-Ⅱ

　認知総合尺度=103，継次尺度=108，同時尺度=103，計画尺度=106，
学習尺度=97であった。習得総合尺度=69，語彙尺度=86，読み尺度=63，
書き尺度=55，計算尺度=73であった。

　尺度間の比較では認知総合尺度と習得総合尺度の間に有意な差が認められ
た（認知総合尺度＞習得総合尺度）。習得尺度のなかでは語彙尺度，算数尺
度，書き尺度および読み尺度の順に低下を示し，有意な差が認められた（語

彙尺度＞算数尺度＞書き尺度＝読み尺度)。

3．STRAW-R

　漢字 126 語の音読は 96 であり中学 2 年生の -2SD を下回った。漢字音読年齢は 10 歳 3 カ月であった。漢字単語については音読は 3 であり中学 2 年生の -1.5SD，書き取りは 0 であり -2SD を下回った。

4．ひらがな音読流暢性検査

　ひらがな音読流暢性検査は小学 6 年生健常児データと比較した。単音連続読みは 55.68 秒を要し +2SD を上回った。単語速読検査（有意味語）は 25.4 秒であり +1 〜 1.5SD の値であった。単語速読検査（無意味語）は 69.4 秒を要し +2SD を大きく上回り，読み誤りも 5 であり +2SD を上回った。単文音読検査は 11.7 秒であり +1 〜 1.5SD の値であった。

5．音韻障害検出課題

　3 モーラ逆唱 =6/10，4 モーラ逆唱 =4/10 であり，反応時間は 6 〜 11 秒程度と遅延した。

6．ROCFT

　模写 =29/36，3 分後再生 =5/36，30 分後再生 =4/36 であった。

7．SCLD41

　読解苦手尺度，漢字学習困難尺度，読み書きルール（正書法）学習困難尺度，書き取り苦手尺度において各尺度の困難度の判断目安を上回る高得点であった。例えば「本を読むのが苦手だった」「同じ文を何度か読まないと理解できなかった」「習った漢字でも，読むことはできても書けない文字が多かった」「授業で先生の言ったことを書きとめるのが苦手だった」といった項目にあてはまると回答していた。

Ⅵ．報告のまとめ

1．全般的な発達について

　全般的な知的発達水準を把握するために実施した WISC-Ⅳは FSIQ=88 であり，やや低い水準にあると推測された。VCI=91，PRI=102 でありいずれも平均的な水準に位置していた。WMI=85，PSI=81 であり平均の下に位置していた。ただし WMI と PSI に比して PRI が有意に高く，指標間にディスクレパンシーを認めるため，結果の解釈には注意を要する。下位検査のうち「語音整列」の評価点は 5 であり個人内で最も低い値を示し，WMI 指標のなかでは「数唱」に比して「語音整列」が有意に低い値であった。これは後述する A の音韻情報処理の困難さが，ひらがなを 50 音順に並び替える心的操作が必要とされる語音整列の成績を押し下げたと推測される。

　KABC-Ⅱでは全般的な認知処理能力を示す認知総合尺度が 106 であり平均的な水準にあった。継次尺度は 115 で高い水準にあり，継次的に提示された情報を処理していくことは個人内でも強い能力であると推測された。一方で学習尺度は 80 であり，他の尺度に比して有意に低く，個人内でも非常に弱い能力であるといえる。また，これまでに習得した知識を測定する習得総合尺度は 70 と低い水準にあった。習得尺度のなかでは語彙尺度に比して算数尺度，語彙尺度や算数尺度と比して書き尺度および読み尺度が低い値を示し，有意な差が認められた。特に読み尺度および書き尺度の値が低いことは個人間で比較しても顕著であった。また，認知総合尺度と習得総合尺度の間に有意な差が認められ，A は備わっている認知能力を十分に活用して知識の取得ができていない状況にあると考えられた。

　WISC-ⅣおよびKABC-Ⅱを比較すると，WISC-Ⅳの FSIQ と KABC-Ⅱの認知総合尺度の間には差が認められる（FSIQ＜認知総合尺度）。WISC-Ⅳには類似・単語・理解などの結晶性知能ともいえる知識の蓄積を評価する下位検査が配置されていたり，ひらがな 50 音を運用する必要のある語音整列があったり，KABC-Ⅱの習得総合尺度にも共通する能力を評価している。その結果として WISC-Ⅳの数値上はやや低い水準として算出さ

れていると推測される。FSIQ や認知総合尺度に比して，KABC-II 習得尺度のなかでも読み尺度，書き尺度の顕著な低さが確認されたため，A の学習に対する不全感の背景に特異的な読み書きの困難さがあることを予想し，基礎的な読み書きの能力やそれらを下支えする認知能力についても評価を行った。

2. 基礎的な読み書き能力とその背景要因の評価

　基礎的な読み書き能力の評価には，発達性読み書き障害のスクリーニングや診断に使用される検査を使用した。読み書き正確性を評価する STRAW-R では，漢字 126 語の音読は 96 と中学 2 年生の -2SD を，漢字単語音読は -1.5SD を下回り，顕著に低かった。漢字単語の書き取りも 0 であった。ひらがな音読流暢性検査は，単音連続読みは +1.5SD，無意味語は +2SD を上回り，検査の判定基準に照らし合わせると，経過観察し定期的に症状を確認することが望ましい状態（判定保留）に該当した（+2SD 以上が 2 項目以上で「異常」と判断）。ただし，これは小学生の判断基準であり，A はすでに中学生であるということからも音読流暢性の値の低さは明らかであり，デコーディングの困難さを有する状態であるといえる。有意味語と単文音読は +1 〜 1.5SD の間であり，この 2 課題の結果は A 個人内では比較的保たれていた。以上より，A はひらがな読み流暢性，読み正確性および書き正確性において，困難さを有する状態であると考えられた。また音韻情報処理能力が低く，視覚情報処理能力は ROCFT 模写では 29/36 と保たれていたが，3 分後および 30 分後再生での得点低下は顕著であり，視覚性記憶の障害（再認過程の障害）が想定された。この音韻情報処理能力と視覚性記憶の値の低さは，発達性読み書き障害の特徴と合致するといえる。

　学習面の検査バッテリーの結果を総括すれば，全般的知的発達に問題はないが，読み（かな流暢性・漢字正確性）書き（正確性）の問題は明確であること，読み書きの到達度（読み正確性＝小学 4 年生，書き正確性＝小学 2 〜 3 年生）と他の習得度との乖離からその問題は経験や環境要因（本人の努力）によるものではないことが示唆された。また，読み書き困難の背景となる要素的な認知機能障害として音韻情報処理能力と視覚性記憶の再認の弱

さが顕著であると考えられた。学習困難はSLDの診断が可能な段階であったと想定され，その結果，自己認識の低下，自己不全感の醸成へとつながり，行動上の問題に進展したと考えられる。万引きは常習性への移行が懸念されるが，背景要因を鑑みればストレッサーは明白であり，悪循環を打破するためにも中心的な要因への直接の介入が必要と判断できる。むしろ中心要因を放置すれば行動上の問題が常態化し，行為障害への移行も生じる可能性があると考えられる。

3．今後の介入に向けて

　Aの知的発達水準や認知能力は平均的な水準にあると推測される。KABC-Ⅱの語彙尺度は86であり認知発達の段階に比しては低かったが，読み尺度・書き尺度に比しては保たれていたといえる。一般的に読み書きスキルの弱さを持ち，適切な介入や環境調整を受けることができなかった場合，文字を介した新規語彙に触れる場面は圧倒的に減るため，いわゆる語彙力（習得語彙数）に如実に影響が出ることが予想され，環境調整が手つかずの場合，その傾向は一段と厳しいものとなる。しかしながら比較的高い語彙力を維持していたことは，Aの意味処理能力の高さを示すものであり，わかりやすくいえば「聞いて理解する力」が保たれていたことによるといえる。

　読み書き困難に対する神経心理学的評価では苦手さの背景を読み解くことに主眼が置かれるが，今回，ライフステージに合わせてこの状況下での心理的背景も鑑みると，いかに「前向きに自分を知る手がかりを得ることができるか」に重きを置く必要があると考えられる。言い換えれば，Aは読み書きの苦手さによって，小学3〜4年生頃から求められるような，教科書やノートを使用し文字を介して知識を習得していくという学習方略では効率的な学習の積み重ねに結びつかなかったものの，比較的良好に保たれていた「聞いて理解する力」を活用することが学びの手がかりとなる可能性が見いだされた。そこで今後の方針として，(1)環境調整，例えばICT機器を活用し情報に触れる機会（新たな情報を得ることができるという「できる」体験）を保障，(2)本人との関係性構築の上で学習に関する悪しきスキーマの根源となっている読み書きの到達度に関する介入（①皆と同じではなく自分の

将来的な自己像に合わせた目標設定［キャリア教育的視点］，②対象の特性に合わせた代償的学習法を一緒に探し実践することで「こうやれば自分はできる」という体験を持つ），(3) A が (2) の介入を通じて獲得した新たな思考の枠組みを別の場面へと進展させながら，読み書きの困難さで不利益が生じない学習環境を設定，の 3 点をチーム学校で同時進行することを計画した。

Ⅶ. 検査結果のフィードバック

1．本人へのフィードバック

　初めに，「何をしてもうまくいかなくてむしゃくしゃする理由を探す」「自分のことを詳しく知るため」といった，検査を行った目的を再確認し，フィードバックを行った。検査を実施した順に説明し，疑問点があればいつでも質問するように伝えた。また，できるかぎり平易な言葉で，A の強みや今後の方針に役立つであろう事柄を中心に話した。

　WISC-Ⅳで評価された知的水準やKABC-Ⅱで評価された認知処理能力は平均的であり，決してAの思うような「バカ」ということではないと話した。A は驚いた表情をした。個人内では WISC-Ⅳの PRI が高く，見て考えて理解していくことが強みであることを伝えても，あまり実感が持てない様子であった。KABC-Ⅱの物語の完成の高さについては「よくわからないときは，周りの雰囲気とか動きとかを見て予想や推理をしているから，その問題は結構できたと思っていた」と，日々の生活と結び付けて納得できていたようだった。KABC-Ⅱの結果については習得総合尺度に注目せず，下位尺度のばらつきを中心にフィードバックした。読むこと，書くことは明らかに苦手であるが，言葉の知識は豊富で言葉の力が強みであることを伝えた。また読むこと，書くことの苦手さは単なる練習不足ではなく，文字を読むときに必要な音韻処理や文字を覚えるときに必要な「見て覚えて上手に思い出すこと」が苦手であること，学校で習う一般的な方法ではうまく身につかなかったかもしれないが，文字の覚え方の工夫はできそうであること，を説明した。この読み書きの苦手さは非常に稀ということではなく，10 人に 1 人くらいの割合で苦手な人はいて，自分なりのやり方で勉強しているし，どん

な勉強の仕方もよいものだと心理士は思っている，と話した。A が初回面談で「勉強のときは集中力がない」と話していたことにも触れ，集中力がないのではなく，文字を一生懸命読もうとして疲れてしまっていたのではないか，とても頑張っていたということではないかと推察している，と A の勉強に対する取り組みにも共感的に応じた。文字を読むこと以外の方法でも，本の内容を知ったり，新しいことを知ったりできる方法はあるので，A に合う方法を見つけていければよいのではないか，と提案した。

　A は，教科書を読んだりノートに書いたりしなければいけない状況は苦痛であるが，中学校に入学して理科や技術の授業で今まで知らなかった話を聞けておもしろかったこと，家にいてもつまらなくて，新しい話を聞くことができるのであれば中学校に行ってもいいと思っている，といった話をぽつぽつとした。そこで前述の評価結果と介入の方向性を共有（インフォームドアセント）し，中学校の特別支援教育コーディネーターおよび担任にも評価結果をフィードバックすることを提案し，了解を得た。

2.　保護者へのフィードバック

　母親へのフィードバックは A とは別に枠を設定した。まず A へのフィードバックと同様の内容を伝えたところ，母親は非常に驚いた様子で「勉強ができないと思っていたが，そんなにも字が書けていないとは気がついていなかった」と話した。母親には，学習の積み重ねに結びつかないのは「努力不足」によるものではないこと，また特性のない典型発達の生徒の数倍，読むこと書くことに「（結果に直結しない）努力」を強いられてきているであろうことを話した。あわせて，A 個人の将来のビジョンを前向きに持てるように，アセスメントによって明らかとなった「強み」の活かし方について話した。

　その上で，A が心理士と中学校とのコンサルテーションを希望していることを伝えると，保護者から「〝勉強ができないのは仕方がない〟と，学校が部活動だけ参加するのを許可してくれたらいい」「塾で文字を教えてもらえるだろうか」といった意見が出された。保護者の思いに十分な理解を示しつつ，まず本人に学ぶ意欲があることを再確認し，「本人にとって学びの場

面が安心安全な空間となりうることを最優先しましょう（当面の登校刺激は当然避ける）」と話した。さらに，保護者の想定した塾の活用に関しては，保護者の苦手さを補う視点から「強み」を伸ばす視点への転換を促すとともに，家庭では食事や余暇の時間を含めた生活環境の安定化を図った。また，心理士からは塾よりも中学校と相談のうえで通級指導教室など本人の学習上の特性に合わせた学習方法の提案が可能な場の利用を勧めたいと伝えた。その際には通級指導の教員も含めた定期的なケース会議を行うこと，また登校時の部活動も重要ではあるが，A 自身に学びたい気持ちがあることを尊重し，⑴学習の機会を保障，⑵本人の〝なりたい自分〟に向かうための読み書きスキルの底上げ，の 2 つの側面からできる支援を構築し中学校と連携できるとよいのではないか，と心理士が考えていることを伝えた。保護者は A に学ぶ意欲があるという点については半信半疑のようであったが，「心理士の提案どおりに進めてみようかと思う」といった旨を話した。

Ⅷ.　その後の経過

　中学校とのコンサルテーションが続く間は，A は Z 相談室の利用を継続することにした。A および保護者の了解のもと検査結果と見立てをまとめた書面を作成し，保護者から中学校に渡した。中学校からの申し出により，Z 相談室にて特別支援教育コーディネーターおよび担任に結果を直接フィードバックした。コーディネーターは通級指導教室の利用も含めて支援体制を早々に調整することに前向きであり，担任は情報保障の手法（デジタル教科書や読み上げ機能など）について関心を示した。なお，担任ならびにコーディネーターに対して，「できないから配慮する」ではなく，A への配慮がクラス全体にもプラスに作用する前提で具体的に配慮の提案を行った。実際に A が所属するクラスの授業を参観し，A 同様にタブレット PC の使用で理解が促進されそうな生徒への使用方法の提案などもあわせて行った。中学校にて A，保護者，コーディネーター，担任によるケース会議が定期的に行われ，⑴すべての授業においてタブレット PC の使用を可能とし，先に音声コンテンツなどで予習が可能な状況を作る（安心して授業を受けるための

配慮），(2)宿題は「できないならしなくていい」という誤った配慮ではなく，本人の学ぶ気持ちを勘案して一緒に課題を考えデータ配布されタブレットPC で取り組む，とすることで合意がなされた。

　A は数日登校したが再び登校を渋るようになり，A 自身の希望により再度 Z 相談室を訪れた。A は「最初はタブレット PC は嬉しいと思ったけど，タブレット PC を使っても文字を打ち込むのが大変で，鉛筆で書くときと変わらないか，前よりももっと大変かもしれない。タブレット PC でやるにしても宿題が多くて終わらない」ことと「自分だけが PC を使っているのが目立つし恥ずかしい」ことの 2 点を訴えた。2 学期より試験的に通級の利用が開始されることも決まったため，通級で A に合った学習の方法を探すことから始め，A 自身の判断したタイミングで段階的に再登校を目指すことを提案した。さらに，A にはゲーム形式のタイピングソフトに取り組んでみること，教室での板書は写真を撮るなどタブレット PC の使い方は A の自由とすることも提案した。あわせて担任にも再度，ユニバーサルデザインの観点から，A を含めた広く多くの生徒の多様な学び方の提案をともに行い，夏には通級開始に先だって，通級担当教員，特別支援教育コーディネーター，担任と再度コンサルテーションを実施した。通級担当教員には検査結果をもとに A および保護者へのフィードバックと同様の内容を伝えた。また，通級でも万引きの再発を防ぐ目的での社会性や情緒面に注目した指導よりも，最低限の基礎的な読み書きスキルの向上や ICT 機器活用を想定したタイピングの練習，あわせて読み上げソフトなど様々なソフトを授業場面と結び付けて試してみることを通じて，タブレット PC が柔軟に使用できることを A に実感してもらうことが必要ではないかといった提案をした。

　その後，読み書きは苦手ながらも少しずつ「できる実感」が積み重なり，半年後には，読み書きの苦手さについて情報を得た本人の「発達性読み書き障害なのか自分の実態をもっと知りたい」という希望により，児童精神科を受診することとなった。A の了解を得て，評価結果を書面にて児童精神科に郵送した。

　A は 2 学期より週 1 回の通級のみ登校を開始し，3 学期からは在籍級への登校を再開させた。3 学期末には保護者とともに Z 相談室に再来し，中

学2年生を振り返った。Aによると、通級でICTを使いこなせるように
なってきて、新しい知識を得たりメモをとったりすることが以前よりも楽に
できるようになった実感があるとのことだった。また、3学期に在籍級に登
校したときに感じたことを次のように詳細に語った。

「タブレットPCを使うと楽だし、教室でも使いたいと思っていても、周
りはノートにシャープペンシルでメモをとったり課題をしたりしている。自
分だけタブレットPCを使うのは周りよりも劣っている感じがして恥ずかし
いため、タブレットPCを本当に使用するか、ただ授業を聞くだけ聞いてみ
る時間にしようかを迷っていた。教室に行ってみると、クラスの誰でも使い
たい人はタブレットPCを使いたいように使っていいことになっていて、宿
題も全員タブレットPCに配信されていて、紙のノートでもタブレットPC
でもどちらでやってもいいことになっていた。宿題は出されても難しくてわ
からないからやりたくないけど、学校でタブレットPCでキーボードを打っ
てメモをとったり、黒板を写真に撮ったりするのは友だちと一緒にしている
し、教科書を取り込んでメモを書き込むとか、通級で教えてもらった使い方
を教室でしていたら、やり方を教えてほしいといわれたりして、全然恥ずか
しくなくなった」

約半年後、Aが中学3年生となった秋ごろ、中学校からZ相談室に連絡
が入った。Aが高校入試に際して合理的配慮を申請することを希望してい
るため、過去の評価結果をまとめた書面をあらためて学校に郵送してほしい
とのことであった。Aおよび保護者に電話で確認をとり、中学校に結果を
郵送した。

さらに半年後の春、Aの保護者からメールが届いた。Z相談室での評価
結果、中学校での通級利用や在籍級での支援実績、また本人の希望で児童精
神科を受診していたことにより主治医の意見書も提出でき、合理的配慮が認
められ無事に入試を終えられたとのことであった。高校でもタブレットPC
などのICT機器の利用が可能となり、また通級も利用できる見込みである
ことが書かれていた。中学校でサッカー部に復帰することは最後までなかっ
たが、Aはスポーツ関連の仕事に就きたいと考えており、すでに専門学校
へ進学したいなどの夢を語っているという。これ以降、Aや保護者からの

連絡が来ることはなく終結を迎えた。

Ⅸ．まとめ

　不登校の要因はいじめに関する問題や本人の無気力，生活リズムの乱れや非行など多岐にわたるが，その要因のひとつとして学業の不振や進路に係る不安も挙げられる（文部科学省，2021）。

　本事例は，不登校状態を呈し，その間に生じた万引きをきっかけに，保護者の不安が喚起され相談につながったケースである。経過をたどると，読み書きを中心とした学習場面でＡが不全感を感じるエピソードは小学3〜4年生頃から確認されており，いわば問題の源流のストレッサーが学習困難（特に，書き）によることは間違いないであろう。この時点が最初に介入できたポイントであったと考えられる。しかしながら，保護者エピソードからは本人が抱えるストレッサーへの気づきが薄く（状態に対して比較的無関心），小学校においても具体的な介入がなされなかったことも踏まえると，ストレッサーとしての学習困難（特に書き）で生じた自己不全感がこれら環境要因の中で醸成され，スキーマとして存在し，「自分は何もできない」という自動思考を育てるに至ったと考えられる。もうひとつ介入できたポイントとして，「中学1年生での授業中の様子の変化」が挙げられる。発達特性を持つ児童生徒は，特に学年が上がるにしたがって自己不全感が大きくなり，いわゆる「メタ認知」を下げやすい状況にさらされてしまう。対処療法的にコーピングスタイルを教え，かつ環境調整を行うだけでは十全な効果が期待できない場合が多い。可能であれば本質的な要因への介入を多職種連携によって行うことや，それが可能となる「一歩早く気づく仕組みづくり」が求められる。そこにスクールカウンセラーとして関わる心理士であれば開かれた相談室づくりと，問題が生じてからではなくいわゆるストレスマネジメント的な関わりがつねにできるように心がけておく必要がある。もし多職種連携や一歩早く気づく仕組みづくりがなされていたならば，本事例は中学1年生の夏休みの前に介入が可能であったはずである。

　また，発達障害特性を有する生徒には様々なちょっとした刺激や環境の変

化で生活や状態が崩れてしまうリスクがあることを，生徒に関わる周囲の人間が少し意識することができていれば問題がここまで顕在化することはなかったのではなかろうか。本架空事例を通じて，発達障害特性を持つ児童生徒の二次障害の捉え方や，チーム学校の在り方について再考するきっかけとなれば幸いである。

今回の事例においてもそれぞれの心理士の専門性によって学習面，教育環境，保護者と本人の家族システム，万引きという行為の問題等，フォーカスを当てる箇所が異なるかもしれない。しかしながら，一人ひとりにとっての安心できる未来は同じではない。症状や特定の〝点〟を見るのではなく，その〝人〟を見て，その人の時間軸を見て，対応を考えていく必要がある。特に発達障害特性を持つことが想定される事例の場合，発達の時間軸に沿った実態の理解，評価の工夫，目標の設定が重要だと考えられる。

【引用文献】

荻布優子・川崎聡大（2016）基礎的学習スキルと学力の関連――学力に影響を及ぼす因子の検討：第一報．教育情報研究，**32**(3)，41-46.

文部科学省（2021）令和 2 年度 児童生徒の問題行動・不登校等生徒指導上の諸課題に関する調査結果．https://www.mext.go.jp/content/20211007-mxt_jidou01-100002753_1.pdf（2022 年 10 月 21 日閲覧）

Ⅰ．事例の概要

対象者（A）：大学4年生（20代），男性，独身，都内のアパートで一人暮らし。
既往歴：なし。
精神科遺伝負因：本人が知っている範囲でなし。
原家族：母親（40代後半）。同胞なし。

Ⅱ．生活歴・経過概要

1．生活歴および現病歴

　九州地方で生まれた。正常分娩と本人は聞いている。母親は最初からシングルマザーで，生活の中で父親の形跡はなかった。母親の仕事は資格を必要とする技術職で，いわゆる鍵っ子だった。地元の保育園・小学校・中学校で学び，学業成績は優秀で，体育や図工は普通であった。大きな身体疾患に罹患したことはなく，身長も人並みだが，痩せ型の体型で，何かあると疲れやすく，本人は自分のことをやや虚弱とみなしており，身体が丈夫な人に憧れていた。友人は多くはないが，いることはいた。高校は地元の進学校に進み，大学から上京して一人暮らしを始めた。

　本が好きで，文章を書くことも好きだったので，大学の専攻は文芸関係に進学した。授業は，一般教養の座学と思っていたが，予想以上にグループワークが多く，課題も多かった。次第に夜型の生活になり，朝早い授業の出席に苦労するようになったが，単位は取得できていた。美術関係の同好会にも所属した。

　大学2年生になり，アルバイト（画廊）を開始した。学園祭の実行委員に
も加わった。土日も休まず，かなりの活動量であったが，当時の自分にその
明確な自覚はなかった。同年の10月，学園祭の実行委員が終了した頃から，
主として家事において，ケアレスミスが多く，何となく体調も気分も優れな
いと感じる日々が続くようになった。ケアレスミスは，例えば，燃えないゴ
ミを出す日を間違える，セーターをネットに入れずに洗濯して縮ませてしま
う，役所に出す書類の期限を忘れるといった内容であった。起床時間を間違
えて授業に出席できないことも生じた。体調は，どこか特定の部位の不調で
はなく，全体に疲れやすく，だるい感じが続いた。
　同年11月，住まいの近くにあるメンタルヘルス・クリニックを受診した。
初診で「うつですね」と言われ，抗うつ剤（デュロキセチン／一日20mg
から開始し40mgまで増量）と安定剤（ロラゼパム0.5mg）を処方された。
内服は嫌ではなかったが，夜型になることが多いので，服薬を忘れることが
多く，それも立て続けに忘れてしまう，ということが繰り返された。それで
も通院は続けていた。大学4年生の4月になっても，ケアレスミスの多さ
などが不変で，状態像が遷延していることを案じた主治医から，心理検査の
受検を勧められた。クリニック内には心理士がおらず，主治医が時折，心理
検査のために紹介するZ私設心理相談室（開業）に，同年8月，Aは申し
込みをした。

2. 私設心理相談室の初回から

　Z私設心理相談室における心理検査実施は，通常，次のような流れであっ
た。検査の前に1回90分の受理面接を行い，適切な検査バッテリーを組ん
で，2日に分けて検査を実施し，後日すべての検査結果を本人に伝える
フィードバック面接（50分）で終了であった。
　Aの外見は，痩せが目立たない柔らかそうな素材で，黒系で統一された上
下の服を着ていた。清潔感は十分に保たれていた。表情からも全体の雰囲気
からも，抑うつ的な雰囲気は伝わってこなかった。入室や退室における動作
や歩行にも特段の特徴は認められなかった。
　Aは申込書に「心理検査を受けるように言われました」とだけ記入したの

で，Y心理士が心理検査を受けるに至った経緯や，どういうことを知りたいのか，どういうことに困っているのか，といった一般的な質問をしたが，「学校に行く，家事とかをするのが，できなくなることがある」とか「体調がよくない」といったように答えが漠としていて，具体的なことを聞くと，前述の内容が精一杯で，それ以上はうまく説明できないようであった。主治医からの紹介状には，診断名欄に「うつ状態」と記載され，遷延している背景要因を知りたいことと，発達障害の疑いについても検査してほしいと依頼内容にあった。主治医が発達障害を疑っている理由については記載がなかった。料金や時間などの説明をY心理士がAに行い，合意し，Aは心理検査を受けることとなった。

　ちなみに，視力はコンタクトレンズを使用で，聴力に異常はない。頭部外傷歴もなく，入院歴もない。意識は清明で，ラテラリティは左利きで矯正歴はなかった。また，今回の受診以外にメンタルヘルスに関する受診歴はなく，心理検査に関する専門教育も受けていない。

Ⅲ．ここまでの見立てと検査バッテリー

　受理面接では，前述の「1．生活歴および現病歴」にある内容を主として聴き取った。家族の同伴がなく，本人の陳述以外に幼少期のことを知ることができず，子どもの場合と違って学校側（大学）からの情報もなかったが，大きな不適応（不登校等）や大きな問題行動（犯罪等）や重大なトラウマ体験はなさそうであった。主訴はつかみにくいままであった。大学4年生で検査を受ける時間はあり，心理検査代も，高額な料金体系の施設ではなかったので，将来のことも視野に入れて，検査バッテリーを組んだ。

　うつ状態に関しては，クリニックで質問紙にマルをしたとAが初回面接で述べたため，内容を訊くと，SDS[*1]が前月に実施されていることがわかり，結果は重めのうつ状態と聞いたとのことであった。SDSが直近に実施され

---

*1　Self-rating Depression Scale（エスディーエス／うつ性自己評価尺度）

ていたので，感情評価尺度としては，POMS 2*2 を選択した。また，発達に関する検査も主治医より依頼されていたので，AQ 日本語版*3 と CAARS*4 を選択した。そもそも主訴がわかりにくく，周囲からの生活情報もなかったので，SCT を持ち帰り式で実施することにした。基本として，WAIS-IVと描画法とロールシャッハ法は組み入れた。描画法の種類はいろいろな可能性があったが，本人が美術関係の同好会に属しており，普段から絵を描くことが好きとのことであったので，バウムテストや S-HTP*5 よりも複雑な風景構成法（以下，LMT）*6 を選択した。

Ⅳ. 実施場面

　検査実施日，Aはほぼ定刻に来所し，熱心に検査に取り組んでいる様子は見られたが，雑談や無駄口といったものがほぼなく，教示にもうなずきで合意していた。検査は，初日に WAIS-IV，2 日目に POMS 2，AQ 日本語版，CAARS，LMT，ロールシャッハ法（包括システム；以下，CS*7）という順番で実施した。

　WAIS-IVを最初に実施した理由は，1）知的水準が把握できていたほうが，ロールシャッハ法などの解釈がより絞り込みやすい，2）WAIS-IVで学習面での課題等が推測された場合，他の心理検査バッテリーを 2 日目に導入することができる等の理由による。また，POMS 2 を初日に実施するということも考えられたが，1）Aが SDS を受けた前月と今で何も変わっていないと述べたこと，2）混み具合の関係で 2 回目の検査までにやや時間が空

---

*2 Profile of Mood States 2nd Edition（ポムス・ツー／気分プロフィール検査第 2 版）
*3 Autism-Spectrum Quotient Japanese version（エーキュー／AQ 日本語版自閉症スペクトラム指数）
*4 Conners' Adult ADHD Rating Scales（カーズ／コナーズ成人 ADHD 評価尺度）
*5 Synthetic House-Tree-Person drawing test（エスエイチティーピー／統合型 HTP 法）
*6 Landscape Montage Technique（エルエムティー）
*7 Comprehensive System（シーエス）

くことから，うつ状態に変化が起こった場合を想定して2日目に実施することにした。

　すべての心理検査が終了した後，感想を聞いた。あまり明確な答えはなく，あらためて心理検査で知りたいことも聞いたが，「何をするにも点と点がつながらない感じで……」といった口調で，Y心理士はいまひとつAのニーズを把握できないまま検査を終了した。

V. 検査結果（主たる要点のみ）

1. WAIS-Ⅳ
　Aは検査中まったく休まず，スピード感をもって受検した。
（1）知的水準
　全検査IQ（FSIQ）は「非常に高い」レベル（パーセンタイル99）であった。これは，実際の標準化サンプルのうち，わずか2.2％しかいない層であり，極めて優秀な知能を有していることが判明した。また，言語理解指標は「非常に高い」レベル，知覚推理指標は「高い」レベル，ワーキングメモリー指標は「非常に高い」レベル，処理速度指標は「平均の上」レベルであった。FSIQとGAIの差に関して有意差は認められなかった。
（2）下位検査
　下位検査では，評価点が高い順に，「積木模様」が最高点（全問正解なだけでなくスピードも速い）であった。次いで，「数唱」と「語音整列」と「バランス」が評価点同点で並び，さらに「類似」と「単語」と「算数」が並び，「パズル」と「符号」と「理解」が並んでいた。以下，「知識」，「絵の完成」，「行列推理」と「記号探し」と「絵の抹消」の順であった。これらすべての下位検査が評価点で11以上であった（評価点の範囲は11〜18）。

2. POMS 2（全項目版）
　POMS 2に限らず，すべての自己記入式質問紙において，回答の抜けや，回答のズレなどは認められなかった。マルをする様子も，よく読んで，きちんと回答していた。途中，室内でボイラー音がしたが，注意が逸れる様子も

みられなかった。むしろ休憩をとらず，集中力がかなりあるように見受けられた。

　T 得点が 70 を超す下位尺度は「混乱－当惑」と「抑うつ－落込み」であり，60 を超す下位尺度は「緊張－不安」と「疲労－無気力」と「総合的気分状態」であった。また，T 得点が 39 より低い尺度はなかった。T 値が最も高かった「混乱－当惑」で，満点となっていた項目を例示すると次のとおりであった。「考えがまとまらない」「筋道を立てて考えられない」。

　臨床症状として思考障害は認められず，後述する CS でも陽性の思考障害の可能性は全く認められなかったため，思考に関する上述の困り感は，「何をするにも点と点がつながらない感じで……」といったAが日常体験している困難と関係していることが推測された。

3．AQ 日本語版

　総合得点 31 点で，カットオフ値を上回らなかった。下位尺度でカットオフ値以上であったのは「コミュニケーション」と「注意の切り替え」であった。

　「コミュニケーション」の具体的な項目としては，「冗談がわからないことがよくある」「会話をどのように続けたらいいのか，わからなくなってしまうことがよくある」など，日常でのコミュニケーションに難点を抱えていることが伝わってきた。

　「注意の切り替え」の具体的な項目としては，「一つのことに夢中になって，他のことが目に入らなくなる（気がつかなくなる）ことがよくある」「同じことを（同じやりかたで），何度もくりかえすことが好きだ」「それをすることができないと，ひどく取り乱したり興奮してしまうくらい強い興味や関心をもっていること（もの）がある」などであり，過集中の可能性が示唆された。

4．CAARS

　矛盾指標は該当しなかった。T 得点が 66 ～ 70 の範囲で，平均をかなり上回ったのは，E（DSM-IV不注意型症状）であった。

E（DSM-IV不注意型症状）で満点となっていた項目を例示すると次のようであった。「仕事や学業の課題をやり遂げることが難しい」「毎日の活動を忘れてしまう」。これらの項目は，Aが述べていた「学校に行く，家事とかをするのが，できなくなることがある」に通じている内容と思われた。

5．SCT[*8]

　1）記入日は，2回目の心理検査の前日であった。所要時間は，30〜40分とのことであった。全文に回答しているが，読めそうで読めない字や，意味が捉えられそうで，微妙にわからない文章が散見された。しかし，決してふざけて回答しているわけではないことは伝わってきた。これらの文章に関しては，すべての心理検査の実施後に，Y 心理士がピックアップして質問し，さらなる説明を得た。以下はごく一部である。

　2）家族に関して例示すると次のとおりであった。「（私の父）は，知らないのでよくわかりません」「（私の母）は動いていないと気がすまない」「（私の兄弟）は，いません」。

　3）自分自身に関しては次のとおりであった。「（私はよく人から）の視線を気にしがちだ。どう思われているのだろう」「（家の暮し）は単調であるようにしている。出来るだけ考える時間が少ない方が良いと考えている」「（私が知りたいことは）私自身について。私は実際のところどのようなのだろう」「（将来）何になるのかよくわからない」「（男）性への帰属意識は少ない」「（私の野心）は，ほとんどない」「（私が羨ましいのは）体の丈夫な人」。

　全体に野心や欲望が述べられず，何かに帰属することが少なく，距離をとった生き方をしていることがうかがえた。しかし，外界（周囲や社会）をまったく気にしていないかというと，過敏な側面があることも同時に示唆された。

[*8]　精研式文章完成法テストSCT® を実施

6. LMT

　川が，画面左中央部から右下部へと流れている。人は一人で「何するでも
なく」川のへりにいる。生き物は川のなかに魚が1匹のみである。家は1
軒で，窓はないが入口はある。人と家の距離は近くない。全体に彩色は暗く
なく，むしろブルーとグリーンを中心とした爽やかな色づかいである。しか
し，赤系やオレンジ系の色はない。全体に，どこか孤独を感じさせる人のた
たずまいとなっている（ちなみに，花にも，魚にも，人にも彩色がされてい
ない）。

　なお，構成に大きな問題は認められなかった。高石（1996）の分類で，
Ⅶ型（完全統合型）に分類された。

7. CS

（1）基本的なデータ

　①統制：R=25，L=1.78，EB=0:1.0，EA=1.0，eb=4:2，es=6，D=-1，
Adj D=-1，FM=1，m=3，SumC'=1，SumV=0，SumT=0，SumY=1。
②感情：FC:CF+C=2:0，PureC=0，SumC':WSumC=1:1.0，Afr=0.32，
S=1，Blends=1。③対人関係：COP=0，AG=0，GHR:PHR=2:2，
a:p=4:0，Fd=0，H-Cont=4，PureH=1，Isolation Index=0.16。④自
己知覚：3r+(2)/R=0.28，Fr+rF=1，FD=1，An+Xy=0，MOR=0，H:
(H)+Hd+(Hd)=1:3。⑤情報処理：Zf=12，Zd=-1.0，DQv=0。⑥判断
機能：XA%=0.84，WDA%=0.88，X-%=0.16，S-=0，P=4+(0)。⑦思
考：Ma:Mp=0:0，Sum6=0，Wsum6=0，M-=0。布置と指標：
S-CON=4，PTI=0，DEPI=3，CDI=4（該当），HVI=No

（2）所見

　CSの結果は，多数の変数が①～⑦の7つのクラスター（心の機能）に分
けて算出される。この7つのクラスターから意味ある所見を導くには，クラ
スターや変数を組み合わせてみていくことが必要である（藤山ら，2020）。
その詳細な手順も定まっているが，紙面の関係で最低限の知見を以下に記載
し，根拠となっているクラスターや変数も代表的なものだけを記入した。

　1）Aの苦労ぶりはCSの結果に顕著に表れている。世間や社会にフィッ

トした適応的なやり方を獲得している一方（R，L，XA％，WDA％，
X-％）で，自分自身を社会や世界に対してどのように表現してよいのかが
わからないままこの年齢に至ったかのような，心理的な手だての打てなさが
顕著である（EB，EA）。

　2）もう少し詳しくいえば，内的には自分の感情やガツガツとした願望を
含めた本音から遠い（FM）が，外界からの刺激をキャッチでき（m），そ
れらの刺激に敏感に対応できる力がある（C'，Y，a:p）。つまり，社会の
中でやり切れる自分自身を保つために，周囲から見てわからない工夫と努力
を続けていて，対人場面で常に緊張感を抱えており（Afr，C，C'，m），
力を使っている状態である。しかし，決して消極的なわけでも（a:p），社会
に対して反抗的でもない（S）。

　3）いずれにしても，何か嫌なことが起こって一時的に不調なのではなく，
このスタイルはかなり長い時間をかけてできあがってきたものと思われる
（Afr）。ところが，このような適応を保つことができるのは比較的，守られ
た環境や複雑さが少ない場面に限られる。一人暮らしや，専門性の高まり，
対人関係の複雑さなどが増すとこれでは間に合わなくなり，不自由さと不出
来が慢性的な適応不全をもたらすことになる。人との関わりの中で時間をか
けて心理的な成長を再促進しながら自分を確認していくプロセスが必要であ
ることがデータ上，明らかである（H，3r+(2)/R）。

　4）しかしここに至るまで，何とかやってこられたのにはAに特有の特徴
がある。それは自分を信じられる力があって，理想的な自分を保ってこられ
たからである（Fr）。そのことによって自身の不自由さや不全感が問題とな
らず，適応を保ち成長してこられたのであろう。確かな自分を見出す準備段
階として現在のうつ状態は臨床心理学的にみて肯定的なものとも捉えられる。
前述のように自己理解を通して成熟に向かうチャンスの時期ともいえるから
である。手助けを求める良識があり（P=4），意欲（R）と素直さ（S），そ
して自分を信ずる強さと良好な判断力は，成長への味方となろう。

　5）良好な判断力の根拠として，認知の三側面がとても優秀で，精神病圏
は否定的である（情報処理，判断機能，思考，PTI）。また，刺激に対する
反応から，精神医学上の双極性障害に該当しないとしても，自覚的に生きて

いておもしろくない状態（C', 3r+(2)/R, ペア, FD, Ls）と，活気を感じる状態とを体験している（シークエンスで多色図版における最後の連続するFでない5つの反応，とくにIX図版とX図版のFC）。このように，紹介状にあった「うつ状態」にせよ，気分の浮き沈みにせよ，総じて，Aの〝うつ〟は生物学的な要因が強いうつ病による〝うつ〟ではなく，適応障害のレベルと検査上は示唆された。

VI.　報告のまとめ

　全体の知的水準は「非常に高い」レベルであった。群指数でもすべての指標が「平均の上」レベル以上であった。下位検査で評価点に幅があり，本人の体験の中で得意・不得意の自覚があったとしても，社会で働くための基本的な能力に大きな欠損はないと考えられた。つまり，本人のケアレスミスが，知的水準が主たる理由として発生している可能性は少ないと思われた。

　POMS 2では，「混乱-当惑」のT値が最も高く，他にいくつかの因子と「総合的気分状態」が高かった。「考えがまとまらない」「筋道を立てて考えられない」といった困り感を有していることがうかがえた。AQ日本語版では，カットオフ値以上に該当しなかったが，下位尺度でとくにコミュニケーションと注意の切り替えについて難点を抱えていることがうかがわれた。この注意の切り替えに関しては過集中の可能性が示唆された。CAARSでは，DSM-IV不注意型症状が該当した。このように，発達障害関係の自己記入式質問紙ではカットオフ値を超えないものがあったとしても，ASDとADHD不注意型症状の特徴を持つ可能性が示唆された。

　SCTでは，全体に野心や欲望が述べられず，何かに帰属することが少なく，距離をとった生き方をしていることがうかがえた。しかし，外界（周囲や社会）をまったく気にしていないかというと，過敏な側面があることも示唆された。LMTでは，構成に問題はないが，どこか孤独を感じさせるたたずまいとなった。CSでは，何か嫌なことが起こって一時的に不調なのではなく，もともと社会の中での自分に伴う生きづらさを有しており，生きていておもしろくない状態と，活気を感じる状態とを体験し，成熟に向かう発達

上の課題（狭義の発達障害という意味ではない）が示唆され，適応障害レベルのうつと考えられた。

　総じて，心理支援に際しては次の点が示唆された。1）短期的には，過集中に関して具体的な生活上の工夫を心理支援者と考えることが，「考えがまとまらない」「筋道を立てて考えられない」といった本人の苦悩（抑うつを誘発する）の改善に寄与する可能性がある。2）そのうえで，人との関わりの中で心理的な成長を促進しながら，自分自身を確認していく（自己理解）プロセスが必要である。3）すべてが抑うつで彩られているのではなく，活気を感じる状態も体験している可能性があり，いずれにしても生活歴をきちんと取り直す必要がある。

VII. 検査結果のフィードバック

　基本的に一つひとつの検査結果を数値や図表をもとに説明し，随時，フィードバックに関する質問・コメント・反証などを聞いて話し合うというやり方をとった。

　まず，初日に行った検査（WAIS-IV）の結果，この検査で測定できる知的水準は極めて優秀なことを返した。本人は嬉しそうでも嫌そうでもなく，淡々としていた。とくに言語理解とワーキングメモリーが優秀である点についても，あまり実感をもてていない様子であった。

　POMS 2 で，思考における混乱が高いことに関しては，納得した様子で同意していた。AQ日本語版やCAARSの結果についても同意している様子であったが，「どう対処したらいいんですか？」という質問が真っ先に出ていた。主訴がいまひとつ明確ではなかったが，Y心理士が最初に会ったときに感じた以上に，問題の解決を望んでいる様子がフィードバックのシーンで伝わってきた（CSのデータと一致）。

　SCTでは，全体に野心や欲望が述べられず，何かに帰属することが少なく，距離をとった生き方をしていることがうかがえたため，そのまま伝えると，とくに大学生になってから野心らしきものはなくなったとAは述べた。LMTにみられる孤独に関しては，一人でいることが嫌いではないといった

主旨をAは述べた。

　CS の結果をフィードバックするため，構造一覧表を示すと，Aはやや驚いたようで「どの検査結果ですか？」と珍しく自分から質問をした。ロールシャッハであることを返すと，意外な感じをもったらしかった。何か嫌なことが1回あったから落ち込んでいるのではなく，普段から生きづらさを抱えていることなどは，うなずいていたが，あっさりとした様子であった。しかし，おもしろくない気分状態があるだけでなく，活気を感じる状態があったのではないか，という Y 心理士の指摘には，やや反応した。Aは「自分でもそうではないかと思っていたが，確かかどうかわからない」と述べ，大学2年生の活気を感じた時期だけでなく，高校時代にも同様の時期があったとのことだった。Y 心理士は，この点に関しても主治医に報告しておくので，後で主治医と話し合うよう勧めた。

　最後に，Aが「どう対処したらいいんですか？」と再度，繰り返したので，Y 心理士は，日常生活で起こる具体的な事柄に関して，抽象論で考え込むのではなく，具体的に一つひとつアプローチして解決・軽減していく方法がよいだろうと述べ，それを一人でやるのは難しいであろうから，心理カウンセリングを受けることが考えられるが，この点も主治医とよく相談するように伝えた。Aはやや驚いた様子で，「カウンセリングって話を聞いてくれるだけなんじゃないんですか？」と質問した。そして，実は，高校時代に対人関係に困って一度だけスクールカウンセラーに話を聞いてもらったと話した。優しい感じのカウンセラーだったが，話を聞いてくれるだけで終わったと小さめの声で述べた。Y 心理士は，心理カウンセラーの基本は話を聴くことであるが，必要であれば積極的に一緒に解決策をみつけることもあることや，何よりも話し合うことが心理カウンセリングの基本であることを伝えた。そして，もしも実際にカウンセリングに行くことを検討するなら，Aのほうから具体的なアドバイスがもらえるようなカウンセリングを希望することを勧めた。また，心理検査の報告書を担当カウンセラーに最初に渡したほうがよいと助言した。

　なお，主治医への検査結果の報告は，Aの許可を得て書面にて行った。

VIII. その後の経過

　主治医は，臨床心理検査の報告書を読み，Ａと話し合った。おもしろくない気分状態と，活気を感じる状態といった体験に関して主治医が提案した処方の変更に，Ａは乗り気になった。主治医は，抗うつ剤を気分調整薬（バルプロ酸ナトリウムを少量）に変更した。安定剤を睡眠薬に変更して，夜型の生活を立て直すことも主治医は考えたが，Ａが静かながらも抵抗を示したため，Ａが気にいっている安定剤の用法を頓服へ変更して処方を続けた。

　Ａは，心理カウンセリングについても主治医に相談した。主治医は，カウンセリングを受けることに賛成であったが，特定の紹介先を持たないので，Ａに自分で探すようにと伝えた。Ａは，他にあてがなかったので，Ｚ施設に今度はカウンセリングの申し込みをした。受理面接をＹ心理士とは別のＶ心理士に受けた。カウンセリングの申込み用紙には「ゴミ出しとか，洗濯とか，家事とかをするのに，アドバイスがほしい」と記入されていた。Ｖ心理士はＹ心理士の心理検査の報告書を読んでおり，Ａが心理カウンセリングの対象であることは認めたが，心理検査で数回来るのとは違って，地理的にＡの現住所からも大学からもかなり遠方にＺ施設があったため，Ａが通いやすい心理カウンセリング所（Ｕ心理士）を紹介した。

　ＡはＵ心理士との初回面接に，主治医からの紹介状とＹ心理士の心理検査報告書を持参した。Ｕ心理士はＡの許可を得て，その日のうちに主治医へ受理面接の報告状を郵送した。また，初回を含めて３回のアセスメント面接の後，ＡとＵ心理士は隔週のペースで心理面接を続けた。Ｕ心理士の当初のケース・フォーミュレーションの概要は次のとおりであった。

　1）日常生活でのケアレスミスを含む困難（過集中の結果）がうつ状態の遷延と関係している可能性があるため，日常生活で支障になっている具体的な点に関して一緒に取り組む。

　2）本人からの情報のみに偏っているため，可能な範囲で第三者からの情報や客観的なデータを増やして，アセスメントを精緻化する。

　3）感情尺度の再検査を通して，逐次データを得て，共有する。

4）うつ状態を内的な成長に向かうチャンスと捉え，A自身がSCTで「（私が知りたいことは）私自身について。私は実際のところどのようなのだろう」と書いているように，中期的には人との関わりの中で時間をかけて自分を確認していくプロセスが必要であり，長期的には心理的な成長の再促進（成熟）を目指す。

5）大学4年生で進路のこともあるので，その点も話し合い，現在の適応状態を大きく損なわないような介入に十分に留意する。

実際の面接における主たる話題は，日常生活での工夫と，進路のことであった。例えば，携帯電話のアプリで就寝時間のアラームセットをして，さらにスヌーズにしておいても，スヌーズを無視するか，解除して今やっていることに集中してしまうことに対して，どうするかといった具体的・現実的な対応をAとU心理士で考えることを積み重ねていった。

また，Aは大学で単位は取得できているが，遅刻があるため「成績は不良」という認識であったので，成績証明書をカウンセリングに持参してもらった。成績証明書にあるAの成績は優秀であったが，Aは「先生方がよくしてくれているから……」と述べた。進路に関しては，Aは地位や名誉といったものに執着がないが，貧困でよいというわけでもなく，一人で暮らしていける収入は欲しいと考えていることがわかった。しかし，就職活動の方向性については，見出せていないようであった。考える力がありすぎて，むしろ過集中になるため，単調な仕事がよいかというと，それではすぐに飽きるようで，むしろ過集中という特性を無理なく活かせる仕事を二人で考えていった。また，採用面接でのやりとりについて，Aが面接の様子を報告し，U心理士がそれにアドバイスするというかたちを組み入れた。

主治医と連携をとることに関してU心理士はAの許可を得ており，処方の変更は薬手帳で確認できた。また，心理カウンセリングの内容を，Aは自分で主治医に報告でき，逆に主治医との診察時のやりとりをAからU心理士が伝えきくことも，ままあった。

薬物療法と心理カンセリングを続け，当初からの「疲れやすく，だるい感じ」は消失していないものの，そこからくる自覚的な辛さが軽減した。夜型

になることはあるが，日中の活動に支障が出ることも少なくなった。何より
もケアレスミスが減り，起こったとしても自分を責めずに，むしろ工夫する
ことを一緒に考えるようになったため，自覚的な辛さはさらに減少した。

　WAIS-Ⅳでみられた優秀な能力や，過集中という特性を活かせるような
仕事として，美術関係の出版社に内定した。小規模の会社のようだったが，
業界では有名な出版社らしかった。

　心理検査は，感情尺度のみ，半年に1回，再検査をして，状態像を確認し，
結果はAだけでなく，Aを通じて主治医にも伝わっていた。通院も心理カウ
ンセリングも週末に月1日のペースになり，減薬を続けた結果，投薬なしと
なり，通院が終了してからも続けていた心理カウンセリングも，間隔を空け
ながら続け，社会人になって3年目に終了した。

　半年ほどして，「また体調がよくない」というAからのメールがU心理士
に届いたが，面接を希望することなく過ぎ，心理カウンセリングを終了して
約2年後，結婚したとの写真入り葉書がU心理士に届いた。そこにはAの
手書きで，「来年，妻の出身地である××県に転居する予定です」とあった。
その後，連絡はない。

Ⅸ．まとめ

　なぜAは問題を抱えているのか，何が生きづらさの発現を引き起こしてい
るのか，なぜそれらは消失せずに続いているのか，といった仮説を生成し，
それをもとに心理支援を実行することが「ケース・フォーミュレーション」
であるとすれば（イールズ，2021），臨床心理検査からもたらされるデー
タは，ケース・フォーミュレーションを土台とした支援計画に大きな示唆を
与える。また何よりも，本人の自己理解を豊かにするリソースとして，十分
な活用ができる。

　とくに，青年期のうつは，たくさんの可能性が含まれている。精神障害の
好発年代であり，精神病を含めて病態水準の見定めが大切という理由だけで
はない。障害かそうでないかという二区分で終わらせるためでもない。〝う
つ〟が臨床心理学からみて，どういう〝うつ〟なのか，その性質を見極める

ことが大切である。そして，あらゆる苦悩や困難が可能性としてあり，同時に唯一無二であるその人にとって最も適切な支援は何かを見出さなくてはならないのが青年期である。加えて，A のように，主訴が曖昧なうえに，周囲からの情報も十分ではないことも稀ではない。分類学的に何かの型に当てはめて終わりでなく，成熟へと向かう支援計画のなかで精緻なエビデンスをもたらしてくれる臨床心理検査の重要性が際立つように思う。

【引用文献】

イールズ，トレーシー・D（著），津川律子・岩壁 茂（監訳），宮本章夫（訳）（2021）心理療法におけるケース・フォーミュレーション──的確な臨床判断に基づいた治療計画の基本ガイド．福村出版．

藤山直樹・津川律子・堀越 勝・池田暁史・笠井清登（2020）精神療法トレーニングガイド．日本評論社．

高石恭子（1996）風景構成法における構成型の検討──自我発達との関連から．山中康裕（編）風景構成法その後の発展．岩崎学術出版社，239-264.

5章
アディクション——ゲーム依存

金田一賢顕・河西有奈

Ⅰ. 事例の概要

対象者（A）：中学1年生（13歳），男性，両親と3人暮らしである。

既往歴：なし。

精神科遺伝的負因：家族の語る範囲ではなし。

原家族：父親（40代）IT企業の会社員，母親（40代）専業主婦。

経済的な困窮はない。

Ⅱ. 生活歴・経過概要

1. 生活歴および現病歴

　関東地方で生まれた。母親の話では正常分娩であった。幼少期から同年齢の子どもと一緒に遊ぶことは少なかった。レゴ®ブロックを黙々と作ったり，絵本を読みふけったりするなど，一人遊びが多かった。幼稚園では，想定外のことがあると，どうしたらよいかわからなくなって混乱したり泣いてしまったりすることがあった。

　小学校では，学校の成績は優秀であった。両親とも教育には熱心で，特に父親は勉強の内容にはこだわりがあり，学校の宿題の他に，父親が選んだドリルや問題集を母親がやらせていた。小学2年生の誕生日に，はじめてゲーム機を買ってもらった。帰宅後，母親と一緒に課題を終わらせてから，19時の夕食時までを「ゲーム時間」と決めてゲームをしていた。土日は課題が終わった後であれば，好きなだけゲームをやることが許されていた。この頃，Aは「ブロックで世界を構築するゲーム」に没頭しており，繰り返し「お城」を制作していた。できあがった達成感よりも，攻略本で「作り方」をた

くさん調べてそれを試すことに面白みを感じていた。

　4年生から中学受験を目指して塾に通い始めた。母親が塾の送迎や課題の管理をし，低学年のときと同様に毎日の課題は母親と一緒に取り組んでいた。学校のクラスでは，ゲームを通じて特定の親しい友人がおり，目立った不適応はなかった。5年生から中学受験を目指した勉強が本格的となり，土日は父親が勉強を管理するようになった。父親は厳しく，トイレ以外，机に向かって勉強するよう強いられ，時折泣きながら勉強する姿もあった。

　6年生の2月に，有名私立中学に合格した。受験が終わってから中学に入学するまで，それまで我慢していたゲームを自由にやってよいことが認められたが，プレイする時間は日増しに増え，徐々に昼夜逆転する日が目立ってきた。この頃から，「オンラインでのバトルロワイヤル対戦型ゲーム」に没頭するようになってきた。オンライン対戦での実力がほめられること，周りから必要とされること，またチームで成し遂げることに面白みを感じていた。また，参加メンバーとのミーティングが深夜にあり，それに参加しないと皆に迷惑がかかるという責務もあった。

　入学した中学校は，進学校ということもあり，自分自身で考えて取り組む課題が矢継ぎ早に課せられ，自主的に学習を進めていくことが強く求められた。しかしAはスケジュール管理がうまくできず，課題の提出は滞り，どの勉強も手につかなくなってきた。勉強への意欲は下がり，ゲームの時間は急激に増えてきた。ゲームは，一人でプレイするものから，小学校時代の友人とネットを介してプレイするものなど，休日には一日中やり続けるようになった。母親がAを叱って一時的に控えることはできるものの，中間テストが終わる6月頃になると深夜までやることが多くなった。勉強も生活のリズムも崩れ，学校には行っても居眠りすることが多く，体調不良から欠席することも目立ってきた。

　7月の期末試験前には全く勉強が手につかなくなり，見かねた父親がゲームを取り上げたり，Wi-Fiを切ったりした。すると，今までに見たことがないくらい怒り出して，暴れる姿があった。声をかけても拒絶的・反抗的になることが増え，次第に自室にこもりがちになった。夏休みに入ると，食事も家族と一緒にとらないことが増え，徐々に父親を避けるようになった。9

月から登校が始まるが，始業式とその後3日間登校したきりで，不登校になってしまった。父親は，登校するように説得したり，せめて勉強だけでもするように叱ったりしたが，Aは涙を流しながら怒りの表情をもって，無言で自室に閉じこもるばかりであった。Aの部屋からは，ゲーム上のやりとりなのか，「死ね」「ふざけるな！」などの暴言が聞こえてきた。

　両親は，日々悪化していく状態に困り果て，ゲーム依存と不登校が相談できる医療機関をインターネットで調べ，Zクリニックに予約の電話を入れた。電話での母親の話からすると，Aは半ば強制的に連れてこられることが予想された。初診時に少しでもAから話を聴くことができるように，ゲーム依存のケースを多く担当するY心理士が，診察前のインテークと初診時スクリーニング検査を担当することになった。

2. 初診時インテーク面接，および併設心理相談室の面接から
（1）Zクリニックの初診時インテーク面接

　Zクリニックにおける初診当日，来院したAと母親に問診票を渡し，待合室において記入しながら待っていてもらった。Aはうつむき加減で挨拶の声をかけても返答はなかった。その表情からは意に反して無理に連れてこられた抵抗感と緊張感が伝わってきた。ゲーム・ネット依存のケースは，本人の治療意欲がほとんどないことは少なくない。そのような場合は，本人も含む「家族」とまずは会い，受診に至る経過を共有した上で本人以外は退室してもらい，その後本人と1対1で話をするというやり方をとることがある。Aも一人で話せる様子ではなかったので，まずAと母親に一緒に面接室に入ってもらった。開口一番，母親から「ゲームを一日中やっていること」「父と喧嘩になり，部屋に引きこもっていること」が堰を切ったように語られた。母親から状況をひとわたり聴いたあと，Aに対しても来談の経緯を確認するが拒否的な表情で無言であった。母親が代弁して，「Aは病気じゃないから行く意味がないと言っていました」とのことであった。その後，母親に席を外してもらい，Aと面接室で二人きりとなった。「無理矢理連れてこられて，本当は来たくなかったよね」「それなのに，よく来てくれたね」など，Aが抵抗感をもちながらも来談したことに敬意を払い，またその思

いを共感的に伝えると，多少驚いたようにうなずいた。また，母親がものす
ごい勢いで話していたことについて，「今まで A くんも，あんなふうに親御
さんから言われてきたのかな」と声をかけると，少し表情をゆるませてうな
ずいた。診察の予診のためにいくつか質問することを伝え，ゲームの状態だ
けではなく，睡眠や食事，不安，身体症状などがないか聴いていくと，それ
にはポツリポツリと答えてくれた。この後，医師の診察に一人で入れるか確
認すると，「大丈夫」とのことなので，IAT^{*1}，IGDT-10^{*2} を記入してもら
い，診察につないだ。

　診察では主治医から，ゲーム使用の状態，および STAI^{*3} を用いた不安，
うつなど精神的な状態についての聴取が行われた。その後，母親も診察に同
席した。主治医によると，A の医療での治療意欲は低く通院は難しそうだが，
A も困りごとがあるよう，とのことであった。主治医から母親と A に「当
院併設の X 心理相談室を利用して，親御さんの困りごとだけでなく，A 君
の気持ちも大切にしてカウンセリングで話をしてみるのはどうか」と提案し
たところ，母親は了承した。主治医は A に向けて「困りごとの背景には，
何か気づいていないものもあるかもしれない。自分をよく知るために，心理
検査もやってみるといいよ」と提案し，「先ほどお会いした Y 心理士と会っ
ていってはどうか」と提案すると，A は渋々ながら了承した。主治医から，
Z クリニック併設の X 心理相談室に，心理カウンセリングおよび心理検査
のオーダーが出され，Y 心理士が担当することになった。主治医からは，
「ゲーム障害の可能性が高く，抑うつ的で不安はあるが，顕著な合併障害は
認められない。発達についての心理アセスメントと，診察では十分に話され
なかった A の気持ちや親子関係などの聴取も検査と併せて行い，支援につ
ながるよう関わってほしい」と口頭で依頼があった。診察後に直接 A と母
親に声をかけ，主治医の意向を伝えた上で，X 心理相談室の初回予約を入
れた。

---

*1　Internet Addiction Test（アイエーティー／インターネット依存度テスト）
*2　Internet Gaming Disorder Test-10（アイジーディーティー・テン／インターネッ
　　トゲーム障害テスト）
*3　State-Trait Anxiety Inventory（スタイ／状態 - 特性不安検査）

（2）X心理相談室の初回面接，および2回目の面接から

　1週間後のX心理相談室初回予約の日，Aと母親は時間どおりに来談した。待合室にてAはスマホでゲームをしており，少し離れたところで母親が座って待っていた。はじめに，Aのみと面接室で会った。主治医よりSTAIの項目から「つまらないことで頭がいっぱいになり，悩まされる」と聞いていたので，それについてもう少し聴いてみると，「親がいろいろ言ってきて嫌。親との関係が疲れる」と話してくれた。具体的にエピソードを聴くと「父は勉強に厳しく，昔から成績が落ちると怒る。そうなると母は父側につく」と，父親に対する怒りの気持ちと，父親側について味方になってくれない母親に対しての不信感が語られた。ひととおり話を聴いた後，心配が多い母親にも同席してもらう提案をした。Aには母親に伝えてほしくないことがあるかを確認し，一方で母親に伝えてほしいことなどあるかどうか聴いた。Aからは「別にない」とのことであった。

　母親に同席してもらい，Y心理士から母親に対してAの気持ちを代弁する形で「お母さんやお父さんの勉強に対する思いが強く，困惑している気持ちがあるよう」と伝えた。すると母親から「今はまったく勉強せず，夏休みもずっとゲームだった」「このまま欠席が続くと，退学して公立の学校に行かなければならなくなる」「私立中学へ無理して行かせたことが間違っていたのか」と，母親にとっての困惑があふれ出るように語られてきた。

　そこでY心理士から「Aが勉強に手がつけられないのは，ゲームのしすぎや甘えだけではなく，他にも困難なこと，得意不得意など理由があるのかもしれないですね」と伝え，その理由・背景を知るための心理検査を提案すると，Aも母親も了承してくれた。Aと母親に対してMSPA[*4]事前アンケートを渡し，次回来談日に持参するようお願いした。Aは次回も来ることを約束してくれた。

　2回目の面接で，持参されたMSPA事前アンケートを参照しながら，「1.生活歴および現病歴」にあげられる生活歴と，各項目についての具体的なエ

---

*4　Multi-dimensional Scale for PDD and ADHD（エムスパ／発達障害の要支援度評価尺度）

ピソードを聴取した。母親より，「コミュニケーション」に関しては，「集団の中で孤立している様子はなかったが，幼少期から他者への関心はやや薄かった」ことが語られた。「共感性」に関する項目については，「周りと話を合わせてはいるが，情緒的な交流があるような友人関係は希薄である」とのことであった。一方，Aからは「こだわり」に関する項目について，「学習においては自分なりの段取りがあり，授業の中でも融通をきかすのが難しい」ことが語られた。これらの話から，自閉スペクトラム症（以下，ASD）傾向が多少ある様子がうかがわれた。さらにAと母親に対して，「もしかしたら，ゲームにはまる背景には，学校とAの勉強スタイルに合わなさがあって，そのズレによるストレスがどんどん積もっていったことがあるかもしれない」と見立てを伝え，主治医からオーダーが出ていた知能検査を「Aが自分自身を理解するために受けてみないか」と，あらためて提案した。Aは「受けてみたいです」と言ってくれたので，次回 WISC-IV知能検査（以下，WISC-IV）の実施を予定した。

Ⅲ．ここまでの見立てと検査バッテリー

　治療関係構築のために，保護者のニーズをふまえつつ，本人にはゲームの話だけに絞り込まず，現在・過去と広くAの苦労や困難に焦点を当て話を聴いていった。本人からは，ゲームの困りごとは語られず，「勉強にまつわる困難さ」「親子での対立関係に伴う苦労」が語られた。一方，母親からは「ゲームのやりすぎで勉強をしなくなった。日中ゲームばかりして困る」と，Aの困りごとと両親の困りごとの認識にズレが生じていた。そのような状況から，心理検査は単に問題や障害を特定するのではなく，検査結果を通してAや両親が，「なぜ依存行動が過度に必要とされてきたのか」について理解や認識を深められるよう，ひいては親子関係の対立が緩和されるように利用されるとよいと考えた。

　ゲーム依存に関して，発達障害ではおよそ10〜20％の有症率が報告されている（館農，2019）。発達障害に関する第1次スクリーニングとして，MSPA事前アンケートが有用であるといわれているが（船曳，2018），当

該ケースにおいては，面接の流れの中でMSPA事前アンケートをもとに発達の状況を確認できるため，はじめにMSPAを採用した。MSPAは，ASD，ADHD，LDの他，感覚過敏，運動症の特徴（粗大運動，微細協調運動），睡眠，言語発達歴等，発達障害者が有する特性を網羅しており，同時に，出生時の様子から幼少期，そして現在の様子を確認できるため，面接内での話の方向性を生活歴に向けやすい。また，抵抗感がある場合でも，MSPA事前アンケートの回答内容に沿って聴くことで，生活歴や生活状況にまつわる話を促しやすい利点もある。

　ゲーム依存の問題については，アディクション支援における2つの軸（河西，2022）から見立てを行った。ひとつめは，「依存行動について，その人の安全や環境を守る視点（Ⅰ軸）」であり，2つめは，「依存行動の背景にある問題への視点（Ⅱ軸）」である。

　Ⅰ軸は，依存行動が生命や生活の安全をおびやかすことになっていないか，また，依存行動によって，家族や学校など本人の環境が失われていないか，リスクアセスメントしていくことを指している。この事例のⅠ軸については，主治医の診察では，依存行動によって緊急な対応を必要とする重篤な状態や合併障害などは認められなかった。しかし，ゲームへの依存状態によって「家族関係が不和を起こしていること」「学校に行けず部屋にとじこもっていること」などの点においては，「Aの環境を守る」ためにも，家族関係やAの生活状況に何らかの介入を行うことは重要であり，改善されるための対応が必要であると考えられた。

　Ⅱ軸について，生活歴および現病歴からは，ASD傾向に伴う学校での不適応がうかがわれた。聴取にもあるように，想定外のことがあると混乱するという困難をもちつつも，中学受験に向けて，「母親の管理と厳しい父親との勉強」という枠組みの中で「過剰」に適応してきた状態がうかがわれ，本音を隠し心理的苦痛を蓄積してきた過剰適応タイプの依存症状態（小林，2016）が推察された。

　以上から，心理検査の目的を以下2つの点から設定し，バッテリーを組んだ。

（1）Aと両親の共通理解を促すための心理検査

　Aの「依存行動の背景にある問題」を知るために，客観的な手がかりとしての発達検査であるWISC-Ⅳを通して，生活や学習上の困難を明らかにした。WISC-Ⅳを実施した理由は，1）知的水準，認知特性等を，客観的で数値化された共通概念で説明しやすく，Aと両親が感情的にならずに共通理解を持ちやすくなる。2）知的水準，認知機能に焦点を当てることで，学習での不適応の問題を具体的に共有しやすく，現実的なサポートを考えやすくなる，という点を想定した。また，両親とAが共通理解を深めていくことで，対立関係が緩和されることを目指していければと考えた。

（2）教育環境におけるAの理解を促すための心理検査

　WISC-Ⅳにより，Aと両親の共通理解が促された後，Aや両親の意向も聴きながら，学校にも理解してもらうことを検討した。学校など周囲の環境における共通理解をしやすくするためにも，MSPA面談を実施してMSPAレーダーチャートを作成し，学校との共有に役立てた。

Ⅳ．実施場面

　Zクリニック受診の際に実施したスクリーニングテスト（IAT，IGDT-10）に加えて，MSPA事前アンケート，WISC-Ⅳ，MSPA面談を実施した。

　WISC-Ⅳの実施当日，Aは母親と一緒に定刻前に相談室に到着していた。検査には，興味をもった様子で集中して積極的に取り組んでいた。検査における回答の特徴として，質問に対して即座に回答するのではなく，いったん間をおいてから回答する様子が複数の検査項目で見受けられた。

　MSPA事前アンケートに基づくMSPA面談では，WISC-Ⅳで深めた理解に基づくAの特性について，どのようなサポートが必要かの検討も念頭におきながら，各項目の具体的なエピソードの聴取を行っていった。WISC-Ⅳのフィードバック，およびMSPA面談を通して，Aは自分自身に対する問題意識を以前より語るようになり，両親への否定的な思いや抵抗感は少し緩和してきた様子であった。そこで，両親への聴取とともに，A

と両親に同席してもらい，MSPA の評定とレーダーチャートの作成を行った。A は評定項目に関する質問に対しては，「以前はあまり問題を自覚していなかったが，実は苦労していた」と自身の問題意識を積極的に言語にしてくれた。

Ⅴ．検査結果（主たる要点のみ）

1．スクリーニングテスト

1）IAT：総合得点は 98 点で「インターネットがあなたの生活に重大な問題をもたらしている」という水準であった。また，「インターネットで新しい仲間を作ることがありますか？」との設問に対して，「インターネットで知り合った人は少しいる」との回答で，「新しい仲間」とはゲーム・ネット内での人間関係であることがうかがえた。

2）IGDT-10：総合得点は 17 点で，「インターネットゲーム障害が疑われる」という水準であった。回答の中で，「学校が変わって会えなくなった友人ともゲームの中で会っている」ということが語られており，A をとりまくオンライン上の人間関係，および A のインターネットゲーム障害の状況が明らかになった。

2．心理検査

(1) WISC-Ⅳ

①知的水準

全検査 IQ（FSIQ）は「平均の上」レベル（パーセンタイル 81）であった。また，言語理解および知覚推理は「高い」レベル，ワーキングメモリーは「平均の上」レベルであった。処理速度は「平均の下」レベルであった。FSIQ と GAI の差に関して有意差は認められなかった。

②下位検査

下位検査では，言語理解において，評価点が高い順に，「類似」（平均との差 +5.4）が最高得点で，次いで「理解」（平均との差 +3.4）が評価平均点より高く，「単語」（平均との差 -2.6）は「類似」「理解」に比して評価点平

均より低く偏向していた。知覚推理において，「積木模様」「行列推理」が評価点平均より高く，比して「絵の概念」「絵の完成」がやや低かった。ワーキングメモリーにおいて，「数唱」と「語音整列」のバランスが同点で，ほぼ評価点平均であった。処理速度は，いずれも評価点平均より低く，「符号」（平均との差 -3.6）と「記号探し」（平均との差 -3.6）が並び，「絵の抹消」（平均との差 -6.6）は全評価得点の中でも特に低かった。

(2) MSPA

「コミュニケーション」は口数が少なめで，やや他者への関心が低いが，「通常の生活環境において困らない」の評定であった。一方で，「共感性」「こだわり」に関しては，「周囲の一定の配慮が必要」と評定された。「粗大運動」には苦手さがあるが，「生活環境においては困らない」という評定であった。「睡眠リズム」（寝つき，質，時間，居眠り）に関しては，「社会生活を送る上で困難」な評定であった。

Ⅵ. 報告のまとめ

ゲーム依存の背景にある発達特性のアセスメントは以下の結果であった。

WISC-Ⅳより全体の知的水準は「平均の上」であった。言語理解，知覚推理は「平均の上」レベル以上，ワーキングメモリーは「平均」レベル以上であった。それに対して，処理速度のみ「平均の下」レベルであった。

処理速度（平均の下）では，「記号探し」＞「絵の抹消」において有意差があり，「符号」においても平均より低いことから，視覚的な「見本」に対して細部に「こだわる」傾向があり，特に「絵の抹消」（不規則・規則に有意差なし）においては，記号を見分ける処理の速度に遅れが生じたのではないかと考えられた。この「こだわり」の傾向は，「類似」＞「絵の概念」においても有意差があり，視覚的な情報よりも，音声・言語による概念化のほうが得意である結果からも示唆された。つまり，視覚情報の細部に「こだわる」傾向が強いことにより，回答に対する反応が遅くなったものと考えられた。

行動観察より，「類似」「単語」「理解」に関してはいったん「間」をおい

てから回答する様子があった。検査後の聴取によると，「いったん頭の中で言葉を選んでから回答している」ため，一定の「間」があいてしまうということであった。そのため，「単語」の回答は短文になりがちで，説明不十分となり評価点が低くなる傾向もあった。また，「数唱」においては数字を視覚的にイメージするのではなく「音のみで覚えていた」「前の数が頭の中に（音として）残ってわからなくなってしまった」と述べていた。このことから，認知の一次的な保持が視覚性記憶よりも，言語性記憶に配分が寄ってしまい，ワーキングメモリー内で一次的に情報過多が生じ，処理が困難になることが想定された。このため，新規の課題が連続して与えられると，情報処理が過多となり混乱してしまうのではないかと考えられた。

　MSPA で明らかになった「こだわり」「共感性」の困難さについて，現実的な学校生活についても検討された。学習や授業の中でも，板書等，細部に注意が向いてしまい，「理解・納得していないと先に進めない」という傾向が認められた。また，矢継ぎ早に指示される課題に対して，情報処理に時間を要し，また細部にこだわりすぎて遅れが生じ，ついていけなくなっていたのではないかと考えられた。

　一方，粗大運動の苦手さから，姿勢やバランス感覚（「体育が苦手であった」「車酔いがひどかった」）等，前庭覚の刺激に対する脆弱性が想定され，また，触覚や固有受容覚の脆弱性から感覚的な身体イメージの統合，また自他の感情や感覚の捉えにくさに影響があることが示唆された（「感情や疲れやストレスに気づきにくい」など）。これらの点から，気持ちや感情を自身の感覚として同定することの苦手さ（熊谷, 2017）も想定された。

Ⅶ. 検査結果のフィードバック

　検査結果のフィードバックは，A の同意を得た上で，両親も同席してもらって伝えた。まず，WISC-Ⅳによる結果の数値を説明し，続いて生活における A の困難さと結びつけて対話しながら進めていった。数値から見える仮説を A に確認してもらい，それを両親にも聞いてもらうことで，双方の共通理解を深めていけるようなやり方をとった。例えば，学習面における

Ａの困りごとの中で「勉強していると先に進めなくなることがある」ことが語られていたが，それについて「気になることがあるとそれについて考えこんでいることはない？」と聞いてみると，Ａより「あります。そうやって頭がいっぱいになっている間に授業が先に進んでしまって，置いていかれることがある」とのことであった。また，「周りからは，ボーッとしているように見えて，頭の中でいろいろと答えを考えたり整理したりしている？」と聞いてみると「そうです，考えすぎてしまうと，頭が停止してしまうこともある」とうなずきながら答えてくれた。すると，すかさず父親が「ただ，ボーッとして何もやる気がなくなってしまっているだけじゃないの？」と言葉を挟んできたが，「ちがうよ！　いろいろと考えているんだ」と理解の齟齬が明らかになり，それまで口にしてこなかったＡと両親それぞれの理解のズレに対する対話・コミュニケーションが促進された。

　その後，MSPA レーダーチャートを共有しながら，Ａ自身も「こだわり」について，「周囲や学校が理解してくれると少し安心できる」ということが語られた。Ａと母親の承諾を得て，学級担任との連携も行った。「共感性」や「こだわり」の特性について説明し，その背景には感覚や感情の捉えにくさ，情報過多による混乱がある可能性があることを伝えると，学級担任からは，「グループ学習等で，こちらが説明したことに対して，聞いているか聞いていないかわからないときもあった」とのエピソードが語られた。見えにくかったＡの困難さについて，以前より学校も理解が深まった。そして，課題やスケジューリングにおいては，Ａが見通しを立てやすくできる枠組みの提示をお願いした。出席日数ややるべき課題，ある程度の成績評価基準などもわかりやすく提示してもらった。その後，母親同伴でＡとスクールカウンセラー（以下，SC）が会い，心理検査により見えてきたＡの理解に関する所見を共有した。SC とは具体的な対応策を考え，担任を通して専科の教員や教育相談コーディネーターにもＡに対する理解を促してもらった。

Ⅷ.　その後の経過

　Y 心理士の隔週カウンセリングは，A との面接を中心としながら，定期的に親子合同面接も交えて継続した。母親は，心理検査で共有された A の状態や困難などの理解をさらに深め，合同面接でも穏やかに A と対話することが増えた。父親は，「自分の親もすごく勉強を強要してくるタイプだったので，A が反発したくなるのもわかる」と，これまでの A と父親自身の関係を振り返るようになってきた。また，母親自身も，夫からのプレッシャーを受けて，「勉強が奮わないのは，自分の育て方に責任がある」と自責の念や罪悪感を生じさせていたことに気づいた。このような気づきが語られた親子面接を通じて，家族関係の見直しが行われていった。

　学校では，2 学期後半より別室登校が始まり，同時に SC との個別面接も始まった。SC との面接では，A が学級活動や授業の内容をより理解しやすく，かつ記憶が定着しやすくなる方法などが話し合われた。

　冬休みが明けて，3 学期から休まずに通常登校を始めた。A の希望もあって，卓球部に入部し，教室以外の人とのつながりも広がってきた。また，父親のすすめで個別塾に通うようになり，塾の講師とも A の特性についての理解を共有し，結果として，中学受験までは母親が担ってきた課題の調整や勉強の指示，またそこから見えてきた A へのサポートのあり方は塾の講師に引き継がれて，効率的に勉強をすることができるようになってきた。

　ゲーム使用のコントロールに関しては，周囲との関係が広がるとともに，自然とAは塾や課題，部活動が忙しくなり，物理的にゲームの時間は減っていった。以前は，小学生の頃の友人やオンラインで知り合った限局的な友人関係であったが，中学校の友人ともゲームの話や趣味，部活動の話などからつながりができてきた。また，オンラインでゲームをすることもあるが，「22 時までにゲームをやめること」を取り決めている友人と主に遊ぶようになってきた。土日は，部活動や学校の友人と外に遊びに行く姿も見られ，ゲームの時間についてコントロールできるようになった。

IX. まとめ

　アディクションは目に見える依存行動だけに対処しても，問題解決にいた
らないことが多い。A は，幼少期から過剰に父親の期待や母親の指示に適
応しようとしてきたが，中学入学後の新たな環境・新たな学習方法の世界に
放り込まれると，はじめて適応困難となった。そして，勉強で結果が出せな
くなったことで，落胆の目で見てくる両親への反発心も強まり，どうしたら
よいかわからない混乱状態になった。つまり，過剰適応ではありながらも，
中学生に至るまで円環的に循環していた家族関係が崩れ，不安定で見通しの
立たない状態となってしまった。そのため，家族内で何かを諸悪の原因とす
ることが必要となり，両親からするとそれは「ゲーム」であり，同時に A
は理解してくれない父親や母親への反発を強め，対立関係が増長されていっ
た。そして，A の中では，明確な枠組みがあるゲームの中では安心・安全
に話せて，日常生活では味わえなくなった称賛や承認をゲームの中で実感す
ることができ，次第にゲームへの依存状態が形成されていったと考えられる。
　このように 10 代のゲーム・ネット依存ケースにおいては，来談するまで
に親子の間で対立や衝突が生じており，双方に傷つきを味わっている場合が
多く，心理検査を実施する際には工夫を要する。つまり，「障害の個人モデ
ル（医療モデル）」（障害者が困難に直面するのは，個人の心身機能が原因で
ある）で心理検査を実施すると，A のみに「病気」「障害」が付与され，A
を連れてきた保護者を治療の対象とすることが難しくなる。そのため，ア
ディクションにおける心理検査の工夫とは，単に疾病を特定するものだけで
はなく，検査結果を通して周囲に対しても理解や認識，そして関係性の変革
を促す「障害の社会モデル（以下，社会モデル）」（困難に直面する原因は，
社会・環境である）の視点が有用である。
　本事例では，このような A の状態と家族に起こっていることの理解を促
すために，客観的な指標となる心理検査を通して，社会モデルの視点から，
A と両親がその「生きづらさの困難」を共有することが可能になった。そ
して双方の理解が増すことで，親子の間で対話が生まれ，A のみならず，

両親もこれまでの関わり方を再考するようになった。

　さらに，Aの理解は，担任や教育相談コーディネーター，そして塾の講師へと広がっていき，共通理解を広げることで，Aの頼りになる「依存先」が広がった。これまで，ゲーム・ネットが唯一の「依存先」であったが，Aを理解してくれる「依存先」が広がることで，ゲーム・ネットのみに「依存」せずとも，他にも多くの人・もの・場所に頼ることができる。すると，自然とゲーム・ネットのコントロールも促すことができると考えられる。

　このようにアディクション領域において，心理検査は，客観的な指標から，社会モデルとして周囲との齟齬を解消し理解を深めることに役立つ。そして，深めた理解を共有することで，Aの理解を共有する環境の「つながり」（松本，2017）を広げることにも役立ち治療的に活用できると考えられる。

【引用文献】
船曳康子（2018）MSPAの理解と対応．勁草書房．
河西有奈（2022）依存症の治療について．日本臨床心理士会雑誌，**30**(2)，17-20.
小林桜児（2016）人を信じられない病──信頼障害としてのアディクション．日本評論社．
熊谷晋一郎（2017）自閉スペクトラム症の社会モデル的な支援に向けた情報保障のデザイン──当事者研究の視点から．保健医療科学，**66**(5)，532-544.
松本俊彦（2017）専門医でなくてもできる薬物依存症治療──アディクションの対義語としてのコネクション．精神科治療学，**32**(11)，1405-1412.
館農勝（2019）発達障害とインターネット依存の現状と対策．児童青年精神医学とその近接領域，**60**(1)，28-31.

6章
大人の発達障害

萩原　拓

Ⅰ．事例の概要

対象者（A）：無職（20代後半），男性，独身，家族と同居。
既往歴：なし。
原家族：父親・母親（ともに60代前半），姉（既婚，別居）。

Ⅱ．生活歴・経過概要

　Aは，地方公務員の父親とパート勤務の母親の間に長男として生まれた。
きょうだいは，現在は結婚して別居している3歳上の姉1人がいる。子育
てに関して，乳幼児期にどちらかといえば寝つきが悪かったこと以外，特に
困ったことを母親は記憶していない。おとなしく，手を焼くほど甘えてくる
こともなく，親にとっては家事の邪魔をすることのない存在であった。保育
園時代から小学校入学まで，顕著な問題は生じていない。学校環境における
不適応は，小学3〜4年生のクラスから始まった。Aはふだん自分から話
すことが少ないため，両親が問題に気づいたのはクラスメートの親たちとの
交流からであった。Aは学習面では全く問題がなく，むしろ「頭の良い子」
として周りから見られていた。一方，係活動や体育，運動会などでの集団活
動において，「自分のやり方を主張してみんなの足を引っ張る」「いっしょに
行動したくない」などに関係することばが，クラスメートの家庭では聞かれ
ていた。Aの母親は担任と面談してそのことについて確認してみたが，「子
どもたちの個性のぶつかり合いは段々と認め合う方向に行くと思うので，様
子を見ましょう」と言われ，それ以上の話には発展しなかった。小学校を卒
業するまで，家庭でAが自分から学校のことについて話すことは事務的な

こと以外なかったが，クラスメートの親経由で A がクラスに溶け込んでいないことは伝わっていたし，孤立している様子は授業参観などの学校行事で直接観察できた。中学校へは A の小学校と近隣のもうひとつの小学校から進学するかたちであったが，学校環境における A の様子は基本的に小学校と変わらなかった。孤立感は強かったが，顕著な疎外やいじめ等の問題は A の両親の知るかぎり発生していない。

　中学校においても A の成績は 5 教科では常に上位を維持し，父親の強い希望もあって近隣ではトップの進学校といわれる公立高校に進学した。この高校には A の中学校からの生徒はほとんどおらず，A にとってはほぼ新しいクラスメートに囲まれた高校生活が始まった。進学校ということもあり，生徒間になんとなく存在しているカーストにおいても，上位階級にあるのは絶対的に成績優秀者であった。この高校においても入学当初から A の成績は好調で，A に対する周りの評価はその成績を基準として非常に高いものであった。また，中学校までの孤立していた学校生活とは異なり，成績優秀者である A に授業内容や宿題について聞いてくる生徒も少なくなく，受動的ではあるが，人と関わる機会は飛躍的に増加した。クラスメートとのやりとりも，A の得意な勉強関連のことが中心，またはきっかけとなったため，比較的楽な気持ちで会話ができたようである。

　大学受験では特に苦労はなかった。コンピューターに興味があったため，情報科学関連の学部のある国立大学に進学した。家族と離れて暮らす初めての経験ではあったが，大学は月に 1 度は帰ろうと思えば帰ることが可能な距離にあった。大学の近くにある食事付きの学生会館に住むことができ，一人でやらなければならない家事も限られていた。特にアルバイトをしなければならないほどの経済状態ではなかったため，研究室でのデータ入力など，大学内での短期バイトを年に数回する程度であった。友人や教員との交流は限られてはいたが，A いわく大学生活は特に楽しいとか，また辛いとか感じるものではなかったようである。就職活動は，自分で調べたりセミナーに行ったりすることもなく，指導教員に薦められたソフトウェア開発関連の会社をそのまま受け，すんなりと内定を獲得した。

　就職した会社は実家からの電車通勤が可能な距離にあり，両親の勧めも

あってしばらくの間は実家から通うこととした。これまでの生活では起こることのなかった問題が発生したのは，就職後の 5 月の大型連休が過ぎたあたりである。まず，上司からの注意が非常に多くなり，やがてそれは日常的な叱責となった。また，同期入社の社員との関わりは非常に少なく，新入社員同士のイベントにも招かれることはなかった。上司からの叱責を除いては，他の社員から何か言われたり，されたりするような直接的ないじめと見なされる行為はなかったが，必要最小限の事務的な関わり以外は他社員とのコミュニケーションはない，疎外された状態が続いた。A 自身，なぜ上司から叱責されるのかを具体的に把握することができず，またどうやって謝るか，また改善可能かもわからなかった。さらに，家の外での他者との社会的関わりが非常に限られていた状態が継続したことで，生活や労働の意欲が急激に減退していった。母親が働きかけても，医療機関に行くことを A は頑なに拒否し，父親も反対した。お盆休みが過ぎたあたりからどうしても出社できない日が週に 1 日ほどある状態が続き，10 月に 1 週間連続で欠勤したことをきっかけに，両親と協議して退職することとなった。

　退職直後から年明けくらいまでは，いわゆるひきこもりの状態が続いた。1 日 15 時間くらいはベッドから離れず，用便以外は自室から出ることはほぼなかった。この期間，家族と直接対面することはほとんどなく，連絡は主に携帯の SNS で行っていた。食事は母親が部屋の前に置いて声かけをし，食事が終わると食器は部屋の外に出されてあった。入浴や歯磨き・洗顔などは家族が不在のときにやっていたようで，毎日ではなかったが最低週 1 回は行っていたようである。

　家族からの働きかけは特になかったが，春になって自室から出て家族と一緒に食事を取るようになり，入浴や着替えなどセルフケアもひきこもり前と同様に規則正しくなってきた。コンビニへの買い物など，外出もできるようになった。しかし，再就職など自立に関する具体的行動を起こすことはなく，家族からそのような話をされてもあいまいな返事に留まっていた。体調のことは少しずつ家族に打ち明けるようになり，その当時は，よくわからない不安におそわれてよく眠れないことを主に話していたようである。

　退職から半年ほど経った 5 月の連休を過ぎた頃，突然「僕は発達障害か

もしれない」と切り出し，家族を驚かせた。ひきこもりからこれまでの期間，インターネットで様々な情報に触れるうち，発達障害当事者のエピソードに自分と共通している部分が多いこと，また共感できることが多々あることに気づいた。父親は A が「障害者であるはずはない」と頑なに否定したが，母親は A の考えを尊重して，地域にある様々な発達障害関連の相談機関を調べるようになった。最初に発達障害者支援センターに電話をかけ，面談を申し込んだ。発達障害者支援センターの職員は A および同伴した母親からこれまでの経緯を聞き，まずは医療機関にかかることを勧めた。職員に紹介された精神科クリニックではアセスメントの予約が 1 年待ちということもあり，クリニックの医師の紹介で Z 大学にある発達障害関連の研究センターでアセスメントを行うこととなった。

Ⅲ. ここまでの見立てと検査バッテリー

　A のアセスメントを行った Z 大学のセンターでは，子どもから大人までライフステージを通した発達障害関連のアセスメントおよび支援を行っている。ここでは，標準化検査に代表されるフォーマルアセスメントと，インタビューや観察等を中心としたインフォーマルアセスメントを総合し，多角的に個人の発達障害特性を分析し，その結果を個人の生活環境を考えた支援につなげる包括的アセスメントのアプローチをとっている。A に対してはまず，すべての発達障害のアセスメントにおいてコア的情報となる認知特性と適応行動状態を知るために，WAIS-Ⅳと Vineland-Ⅱ[*1] を実施している。また，A はこれまで発達障害に関して医療機関にかかったことはなく，診断基準に沿った情報を得るために AQ[*2] を実施した。これは A の主治医となった精神科クリニックのリクエストによるものであり，これまでの A のエピソードには，自閉スペクトラム症の特性と考えられるものが多く見られたからである。また，自閉スペクトラム症当事者に多くみられる感覚処理特性に関わ

[*1]　Vineland Adaptive Behavior Scales, Second Edition（ヴァインランド・ツー／ヴァインランド適応行動尺度第 2 版）
[*2]　Autism Quotient（エーキュー／ AQ 日本語版自閉症スペクトラム指数）

る問題を調べるために，SP[*3] および AASP[*4] を実施した。さらに，A の日常の不安や気分の落ち込み，モチベーションの低さに関して，BDI-Ⅱ[*5] および WHO QOL26[*6] もテストバッテリーに組み入れた。

Ⅳ．実施場面

　すべてのアセスメントは，Z 大学のセンターにある評価室で行った。A と母親に来てもらい，WAIS-ⅣをA に実施している間，別の評価室で母親に Vineland-Ⅱのインタビューおよび感覚プロファイルの記入をお願いした。母親は仕事があるので，これらの検査が終了した後，先に退出することとなった。A には WAIS-Ⅳの実施後 30 分程度の休憩ののち，AQ，AASP，BDI-Ⅱ，WHO QOL26 に回答してもらった。検査の間や終了後，検査を担当したセンター員が雑談のかたちでA からこれまでのことや，趣味，日常の問題などについて聞き出し，インフォーマルなデータ収集を行った。

　センターに滞在中，A は人当たりもおだやかで，センター員の話しかけには丁寧に答えていた。アイコンタクトはあまり定まらず，会話中は相手の顔の斜め上あたりを見ているようであった。センター員が受けた印象は，A は表情やふるまいに感情が表れず，受け答えはしっかりとしているのだが，相手と気持ちをやりとりするコミュニケーションが成り立ちにくいとのことであった。

---

*3　Sensory Profile（エスピー／SP 感覚プロファイル）
*4　Adolescent/Adult Sensory Profile（エーエーエスピー／AASP 青年・成人感覚プロファイル）
*5　Beck Depression Inventory-Second Edition（ビーディーアイ・ツー／ベック抑うつ質問票）
*6　WHO QOL26（キューオーエル）

V．検査結果（主たる要点のみ）

1．WAIS-Ⅳ

　WAIS-Ⅳの実施中は集中が途切れることはなく，また疲れやフラスト
レーションなども特に表れず機械的に処理をしているようであった。検査を
担当したセンター員の提案によってWAIS-Ⅳの途中で5分くらいの休憩を
取ったが，Aから休憩を要求してくることはなかった。

　全検査IQ（FSIQ）のスコアは113で，「平均の上」に分類されている。
各指標の合成得点は言語理解指標（VCI）が112，知覚推理指標（PRI）
が114，処理速度指標（PSI）が111で「平均の上」，ワーキングメモリー
指標（WMI）は103で「平均」と分類された。指標間を比較してみると，
VCIおよびPRIはWMIに有意差が見られ，高い得点であることが示され
た。聴覚的に得た記憶の短時間保持や操作はAの認知能力の中では若干不
得意であることが推察されるが，標準尺度上では平均範囲内であり，実生活
に影響を及ぼすものではないと思われる。

　下位検査は，平均よりも1標準偏差以上の下位検査は評価点の高い順から，
「積木模様」「行列推理」「記号探し」「知識」であった。他の下位検査は，評
価点9以上の平均域である。複雑な図形理解が得意であることが示されて
いるが，全体的に平均域の認知特性であると推測される。

2．Vineland-Ⅱ

　Aの検査時点における全体的な適応行動レベルを示す適応行動総合点は
40と，平均から3標準偏差以下の範囲にあり，顕著に低い適応水準である
ことが示されている。すべての領域得点は低い水準であり，コミュニケー
ション領域は43，社会性領域は47で平均より3標準偏差以下，日常生活
スキルは64で2標準偏差以下であった。

　コミュニケーション領域を構成する下位領域のv評価点をみると，「受容
言語」および「読み書き」は平均域に近いレベルであったが，「表出言語」
のv評価点は平均から3標準偏差以下であった。Aの日常生活は家族から

の働きかけや指示を受けることがほとんどであり，自らの発言による意思表示がほぼ見られないことがスコアに反映されている。

　日常生活スキル領域内では，「身辺自立」が平均的，「地域生活」がやや低い，また「家事」が低いレベルとなっている。ひきこもりが改善された検査時点では，身づくろいに関する問題は見られないが，外出などのコミュニティでの活動は限られている。また，両親，特に母親が身の回りの世話をしているために，洗濯や調理などの自立生活に必要なスキルは日常的に見られていない。

　社会性領域では，「対人関係」および「コーピングスキル」はやや低い領域であった。「遊びと余暇」の下位領域はすべての下位領域の中で一番低い結果となったが，これは日常的な他者との関わりの程度が直接的にスコアに反映される。よって，Aの日常生活においては他者との関わりがほぼないことを示している。また，この下位領域はA自身のQOLにも少なからず影響していることが考えられる。

　不適応行動に関しては，不適応行動指標は平均よりもやや高い水準であり，それを構成する「内在化問題」は高く，「外在化問題」は平均的であった。「内在化問題」では，他者との社会的な関わりを必要としない，また，それを避ける傾向が見られた。日常生活に顕著な影響を及ぼすような外在化問題は見られなかったが，協調性の低さが回答者である母親から指摘されている。重要事項でチェックがついた項目はなかった。

3. 感覚プロファイル（SP および AASP）

　A本人が記入したAASPと，母親が記入したSPの4象限の結果にはそれほど大きな違いは見られなかった。これはつまり，Aが自身の感覚特性をある程度自覚していることを示している。4象限のうち，「感覚過敏」と「感覚回避」はAASP，SPともに非常に高い結果となった。Aが嫌う，または生活に困難をきたす感覚刺激が日常的に存在することを示しており，SPのセクション結果および両検査の項目分析によると，Aは音と光，また予期せぬ接触に対して強い過敏が見られることが推測された。また，これらの刺激を受けないよう，外出を制限したある程度パターン化された日常生活

を送っており，さらに未知の環境に行くことに不安をおぼえることもある。

「感覚探求」は両検査とも平均域であったが，「低登録」は AASP では高い，SP では非常に高い結果となった。特定の感覚領域に鈍麻が見られるというよりは，耐久性・筋緊張に関連する運動領域に困難が見られ，例えば姿勢の保持や筋力を要する作業が疲れやすい。これまでの生活で特に運動が苦手であったわけではないが，幼少時から作業はゆっくりで活発な動きが求められる活動は避ける傾向であったことを，アセスメントの際，A がセンター員に話している。

4.　AQ 日本語版・成人用

総合得点は 39 点であり，カットオフ値である 33 点を上回っている。下位尺度の結果を見ると，「社会性スキル」および「コミュニケーション」においてカットオフ値を超えており，「注意の切り替え」および「想像力」はカットオフ値と同点であった。

5.　BDI-Ⅱ

粗点の合計は 27 点であり，中等症のレベルにある。自殺念慮に関しては著しく高い傾向は見られず，自殺に関して思うことはあるが実行しようとは思わない範囲であった。全体的に活力減退や疲労増加の傾向は見られるものの，睡眠，食欲，性欲に異常を感じる結果ではなかった。自己肯定感は低く，失敗への過剰な懸念，自己嫌悪は強めの傾向である。

6.　WHO QOL26

A の QOL 平均値は，同年代の日本の一般人口データと比較して 2 標準偏差以下であった。領域別に見てもこの傾向はほぼ同様で，「身体的領域」「心理的領域」「社会的関係」の 3 領域の平均点は一般人口データより 2 標準偏差以上低い結果となった。唯一，「環境領域」のみが平均域であった。全体的に，日常生活における活力や意欲の低さ，心身の不調，自己評価低下，他者との関わりの量と質の低さなどが特徴的な回答傾向であった。「環境領域」が平均域であったことは，これまで自宅で生活していることで，家族の

支えが常にあることなどが影響していると考えられる。

Ⅵ．報告のまとめ

　今回実施したすべての検査結果を俯瞰すると，まず A の認知機能と適応機能との間に大きな乖離が見られることが特徴として挙げられる。A の生活歴を振り返っても，学修状況や職場における作業そのものに特に問題は見られなかった。しかし，学校や職場の環境，他者との関わりに関しては受動的であり，自ら進んで関わりを持ったり，自らの意思で環境に対して働きかけて過ごしやすく調整していったりしたことはほとんどなかった。WAIS-Ⅳと Vineland-Ⅱの結果の差は A の特性，つまり平均または平均以上の認知機能ではあるが，日常生活の適応レベルは低く，検査時点での社会的自立は難しいレベルであると判断できる。

　また，Vineland-Ⅱにおける社会性，特に他者との関わりについての量と質の低さは顕著であり，AQ の結果と併せて見ると，社会性の困難は A の生活における中心的課題であると思われ，よって自閉スペクトラム症（ASD）の可能性は極めて高いと考えられる。また，ASD のもうひとつの中核的特性である固執性に関して，検査結果やエピソードからは顕著に示唆されていない。これまでのライフステージにおいて，高校時代は「成績」が学校での生活しやすさを決定していたために問題が目立つことはなかったが，就職直後から職場環境に馴染むことができなかった際，環境に合わせた自身の生活パターンや付き合い方を調整することができなかったことは，適応の不器用さを表していると考えられる。

　Vineland-Ⅱで示されていた消極的な生活環境への関わりは，感覚プロファイル・シリーズの結果における過敏性の高さや嫌悪刺激の回避傾向と合わせて考えることが可能である。つまり，A の社会性困難には，ASD の中核的特性だけではなく，感覚過敏関連による社会との接触を恐れることの双方が強く関わっていると解釈できる。A にはこれまで感覚過敏が顕在化した問題は見られてはいないが，これは A 自身が生活環境をある程度固定化することによって自分にとって嫌な刺激を避けていたこともあるだろうし，

それが表面的には環境適応の不器用さや固執性と見られることもあるだろう。

　抑うつ傾向に関しては，緊急な介入を示唆するデータは見られなかったが，Vineland-Ⅱ，BDI-Ⅱ，WHO QOL26 の結果を見ると，内在化問題行動は多く，特に心身不調，自己否定，意欲低下などが顕著である。これらの結果はまた A 個人の QOL の低さを示しており，社会的自立はもちろん，検査時点で家族と自宅で生活している環境においても，個別に計画された支援なしには将来的改善は困難であることを示唆している。

Ⅶ. 検査結果のフィードバック

　検査のフィードバックは，母親も同席するかたちで A 本人に直接，担当センター員から行うこととした。母親の同席に関しては A 本人からそうしたいとの希望もあったが，現在自宅で同居しており，A の日常生活サポートの主な実施者であることからも，アセスメントの共通認識をはかるためにこのように設定した。

　フィードバックの日までに，担当センター員は各検査の結果と所見，そしてすべての検査結果を包括的に俯瞰して作成した今後の支援に向けた提案からなる，アセスメント報告書を紙媒体で準備した。各検査の結果と所見は，それぞれを担当したセンター員によって A4 紙 1 枚程度で簡潔にまとめられた。今後の支援に向けた提案は，A のアセスメントに関わったセンター員全員に他のスタッフを加えたチームミーティングで協議して素案を作り，それを担当センター員が最終的にまとめた。A と母親に渡す書類はすべて簡潔な文章で箇条書きのかたちでまとめられ，また，できるだけ平易な文体を心がけ，さらに専門用語をやむを得ず使用する場合は括弧書きで説明を加えるようにした。

　フィードバックの当日，A は母親と共にセンターを訪れ，A のアセスメントを担当したセンター員が説明を行った。まず，面談した部屋に設置されたモニター画面にこれまでに作成しておいたアセスメント報告書を提示しつつ，A に対して実施した各検査について簡潔な説明をした。A と母親には説明の途中でも遠慮なく質問をするように前もって伝えてはいたが，彼らか

らそのようなことはなかった。Aも母親もセンター員の説明を黙って聞いてはいたが，説明内容に対して否定的な態度は示してない。ずっと黙って聞いているため，ひとつの検査の説明が終わるたびにセンター員が「これらの結果についてどう思われますか」と訊ねるかたちをとった。

　WAIS-IVとVineland-IIのスコアがほぼ同様の読み方ができることを説明してこれらの結果を対比してみたとき，Aは初めて「なるほど」と自分の結果に興味を示した。それをきっかけとして，担当センター員はAと検査結果について少しずつやりとりができるようになった。抑うつ傾向が高いことやQOLが低いことに関しては当然のことだとAは納得しており，自分自身「仕方のないこと」と捉えていた。しかし，以前から少しは耳にはしていたIQと初めて聞いた適応行動の大きな乖離を尺度によって具体的に見ると，「なんとかしたいな」という思いを口にしていた。母親も，このような言葉がAから直接聞かれることは高校卒業してからはないと話していた。

　また，感覚処理特性についての所見では，強い聴覚・視覚刺激や予期せぬ触覚刺激に対してこれまで何度も不快な経験をしてはいたのだが，そのままにしていたことを述べており，それが自分の日常生活に大きく影響していることを理解したようである。母親からも，Aは幼少期からすぐに驚いたり泣いたりして困っていたことが話され，それでAは人が大勢いる場所や友だちと遊ぶことに慎重になっていたかもしれないとのことであった。

　ASDの特性が強く見られる結果については，Aは素直に納得していた。もともとひきこもっていた際に自分には発達障害があるかもしれないと思いはじめたことがきっかけで今回のアセスメントにつながっており，自分の特性の受け入れは比較的スムーズであったと思われる。しかし，発達障害は異常であり，何よりも「障害」であると強く思っており，「僕は病気なのだから」という言葉がフィードバックのやりとりでは多く聞かれた。

　Aと母親へのフィードバックは1時間程度で終了した。Aの主治医には，担当センター員がアセスメント報告書を直接持参して口頭で報告し，またフィードバック時のやりとりも伝えた。

Ⅷ.　その後の経過

　アセスメント報告書によってＡに自閉スペクトラム症の特性が強く見られることは明らかであり，他の情報と合わせて総合的に判断し，精神科クリニックの主治医はＡに対して自閉スペクトラム症および抑うつ傾向を持つと診断した。薬物治療としては，抗不安薬を使ってみて症状に合わせて適宜調整していくこととした。また，Ａ自身の「なんとかしたい」という思いを具体的に考えていくきっかけとして，Ｚ大学の研究センターによるアセスメント報告書にまとめられた今後の支援に向けた提案を参考とすることにした。

　まず，Ａ自身が自分の特性を理解することが重要である。自閉スペクトラム症という診断名だけで自分を定義するのではなく，自分は実際にはどうふるまっているのかなど，客観的な視点で自分をモニタリングできるような支援が提案されていた。このことについては，Ａは今後も定期的にＺ大学の研究センターに行き，センター員がカウンセリングを実施することとなった。カウンセリングでは，一般的な心理相談に加え，ビデオを使ったセルフモニタリング，複数人でのコミュニケーションを必要とするカードゲーム，いくつかのソーシャル・ナラティブの試行など，アクティビティを多く取り入れた内容を計画した。また，Ａがこれまで自分なりに解釈してしまっていたものが，実は一般的には捉え方が異なっている社会的場面を見つけていくことも，このカウンセリング時間の重要な目的とした。これは，Ａにこれまでの学校生活や会社員生活でのエピソードを話してもらい，それらの中にＡの誤解や見過ごしていた社会的手がかり，読み取りきれなかった非言語コミュニケーションなどがあれば，センター員が指摘していくスタイルをとった。さらに，自分の苦手な感覚刺激に対して日常的にどのような対策が可能かについても，一緒に考えていくこととした。Ａは自分について新たに発見していくことが面白く，カウンセリングには進んで通うようになった。

　次に，生活リズムの確立に対しての支援が必要であった。アセスメント時点ではＡのひきこもりは改善していたが，一日のほとんどを自宅で過ごし

ており，毎日一定時間外出するなど「定期的にやること」がほとんどない状態であった。そこで発達障害者支援センターの勧めで，近隣の地域活動センターを訪ねることにした。その地域活動センターでは，月曜日から金曜日まで毎日，発達障害などの診断を受け，また定職に就いていない当事者複数人が簡単な作業やレクリエーション，ディスカッションなどに参加している。Aにとっては外に出るきっかけと毎日規則的に通える場所が必要であり，生活リズムを整えるスタートラインとして地域活動センターの利用はふさわしいと思われた。Aはまず，2週間ほどは週3回程度通うこととした。地域活動センターのスタッフは，Aの特性を理解してある程度具体的な言い回しで話しかけるなど，Aにとって付き合いやすい存在であった。またセンターの活動内容が強制的ではなく，適度に「ゆるい感じ」であるために，Aにとってはそこでの時間は過ごしやすいものであった。地域活動センターの利用を開始してひと月も経たないうちに，Aは週5日，決まった時間に通うようになった。

　Aの支援には，発達障害者支援センターが精神科クリニック，地域活動センター，Z大学研究センターなどの関連機関のつなぎ役として機能した。これらの機関は，Aと同様のかたちで他に複数の当事者が利用しており，2カ月に1回程度，利用している当事者全員のケースについて情報交換したり，当事者たちの状態に応じて支援を調整したりするミーティングを発達障害者支援センターで行っている。

　包括的アセスメントを実施しているZ大学研究センターは，当事者の特性を関連機関にわかりやすく説明し，それぞれの機関での具体的支援につなげていく重要な役割を担っていた。Aのケースでは，カウンセリングの進捗も考慮して，就労や社会的自立を含めた具体的支援を準備していく段階であると提案した。A本人と家族も同席したミーティングで，就業・生活支援センターにも支援に関わってもらうこととした。地域活動センターの利用が安定し，抑うつ症状が緩和した時点で，就労移行支援を開始する方向性を関係者全員が確認した。

　自宅でのAは，一人のときは自室で趣味の自作パソコンを操作したり改造したりすることがほとんどで，食事やテレビ視聴などは家族と共にしてい

たが，自発的に家事に参加することはほとんどなかった。つまり，両親から
具体的に「〜を手伝ってくれ」などと言われないかぎりは，自分から家事に
取り組むことはない。アセスメント報告書にまとめられた支援の提案には，
自立した生活につなげる準備として，家事に関連する適応行動の向上が含ま
れていた。そこで，カウンセリング担当の大学のセンター員と地域活動セン
ターのスタッフが協力して，Aが担える家での仕事を増やしていく支援を
することとなった。具体的には，Aの両親，特に母親と相談して，まずは
食事後の洗いものをAの担当とし，初めのうちはやり方を母親が指導する
ことにした。その際，Aが理解しやすい説明や指示の仕方を大学のセンター
員が母親にアドバイスした。また，居間や台所，風呂などの掃除は曜日ごと
に決め，ルーティンとしてAが自発的に掃除できるようにした。家事担当
を始めた頃は，不器用さの影響もあったが，Aにとってはかなり疲労となっ
た。疲れすぎて中断してしまわないよう，大学のセンター員が進捗をモニタ
リングし，必要に応じて仕事量を調整するよう母親にアドバイスした。また，
家事への参加についてA自身の思いをカウンセリングで聞き取ったり，Aが
直面している課題や疑問について話し合ったりすることも並行して実践した。

Ⅸ．まとめ

　青年期や成人期になるまでに本人の特性が環境とぶつからなかったり，ま
た他者，特に保護者や教師などにはっきりと認められるかたちで問題が顕在
化したりしない場合，発達障害の発見や診断が就労期やその後になるケース
もある。もちろん，本人やその家族，また関係者にとってその後も問題にな
らないケースもあるが，この時期に発達障害の診断につながるケースのほと
んどは，抑うつなど精神症状の出現や，離職やひきこもりなどの行動問題が
先行する。このようなケースには，多角的に対象者を分析していく包括的ア
セスメントのアプローチが必須であり，その後の支援を考える上で必要な情
報提供が可能となる（萩原，2021）。幼少・学齢期と比較して，就労や社会
的自立が直近の課題である青年・成人期では関係する支援機関も多種多様で
あり，アセスメントの実施者には，異なるバックグラウンドを持つ支援者た

ちが共通理解可能な報告書を作成し，また口頭で説明する技術が求められる。

　アセスメント・ツールの選択は，アセスメント担当の心理士の専門領域を反映することは避けられないが，より包括的なアセスメントに近づけるためには，対象者の主訴や直面している問題，また生活状態に関する情報を十分に得ることができる異なる領域のツールを選ぶことが望ましく，それらを専門とする複数の心理士で分担するアプローチが理想である。また，アセスメントの結果は，対象者の自己認知を促すためにも，対象者が理解できるかたちでフィードバックすることが青年・成人期の発達障害のケースでは特に重要である。例えば，報告書など紙媒体に加え，より具体的にわかりやすいようにパワーポイントなどプレゼンテーション・アプリケーションにまとめてフィードバックするのもよいだろう。アセスメント実施者は，対象者の特性把握だけでなく，アセスメント結果を理解するレディネスのレベルについてフィードバック前に確認することにも留意したい。

【引用文献】
萩原 拓（2021）発達障害支援につなげる包括的アセスメント．金子書房．

7章
高次脳機能障害

山口加代子

Ⅰ．事例の概要

対象者（A）：大学１年生（20代），男性，独身，地方都市のアパートで一人暮らし。

既往歴：なし。

精神科遺伝負因：本人が知っている範囲でなし。

原家族：母（40代後半）。同胞弟１人，妹２人。

Ⅱ．生活歴・経過概要

　高校を卒業後，大学に入学した。オートバイでアルバイトに向かう際に，右折してきた大型トラックと衝突。約10メートル投げ飛ばされ，救急搬送された。前頭葉眼窩面・右側頭葉前方の脳挫傷，右側頭葉に外傷性くも膜下出血があり，開頭で血腫除去術を受けた。

　１週間後，意識回復し，右鎖骨骨折プレート固定術を受け，１カ月後に退院。外来で身体面（PT／OT）のリハを週４回受け，２カ月後，本人の強い希望で復学した。

　その２カ月後，復学はしたものの朝起きられず，授業に間に合わない，登校しても授業の途中で頭痛がすると帰宅していることが多かった。下宿に様子を見にいった母親が心配し実家に連れ帰り，実家のある県のリハビリテーションセンターに相談し，医師の診察後，高次脳機能障害に対する評価がY心理士に依頼された。

Ⅲ．ここまでの見立てと検査バッテリー

　脳画像では，交通事故による脳外傷でよく見られる前頭葉眼窩面と右側頭葉前方の脳挫傷が認められた。微小出血痕はびまん性軸索損傷によるものと判断され，注意障害，記憶障害，遂行機能障害，社会的行動障害，情報処理速度の低下が生じている可能性が示唆された。左半側空間無視についても精査が必要と思われた。

　注意障害については TMT-J[*1]，仮名ひろい検査を実施し，その両者で問題が抽出できなければ CAT[*2] の実施を考えたが，CAT は TMT-J や仮名ひろい検査に比し侵襲性が高いので，自己意識性や否認について評価しつつ，慎重に進めることとした。記憶障害については日常生活上の支障を反映し，被検査者の気づきにもつながりやすく，WMS-R[*3] に比べると被検査者の負荷も高くない RBMT[*4] を選択した。

　遂行機能障害については KWCST[*5]，BADS[*6] を，情報処理速度の低下については WAIS-Ⅳの「記号探し」「符号」を実施し，学業への影響を評価するためにも WAIS-Ⅳの他の項目も可能であれば実施する計画を立てた。

　被検査者の高次脳機能障害に対する気づきが乏しい場合は，短い時間で終わるスクリーニングテストである MMSE[*7] が神経心理学的検査導入の動機づけに有用なことが多い。初回時の A の気づきの状況を確認した上で，MMSE から検査を始めるのか，高次脳機能障害の自覚が多少あるのであれ

[*1] Trail Making Test 日本版（ティーエムティー・ジェイ／トレイル・メーキングテスト）
[*2] Clinical Assessment for Attention（キャット／CAT 標準注意検査法）
[*3] Wechsler Memory Scale-Revised（ダブリューエムエス・アール／ウェクスラー記憶検査）
[*4] Rivermead Behavioural Memory Test（アールビーエムティー／リバーミード行動記憶検査）
[*5] 慶應版ウィスコンシンカード分類検査
[*6] Behavioural Assessment of the Dysexecutive Syndrome（バッズ／BADS 日本版遂行機能障害症候群の行動評価）
[*7] Mini Mental State Examination（エムエムエスイー／ミニメンタルステート検査）

ば TMT-J から始めるのかを選択することとした。

Ⅳ．実施場面

　【1回目】A は入室後，「許せない」と交通事故の加害者に対する怒りや，頭痛やめまいがあり，特に起床時にひどいこと，入眠困難について訴えた。「頭痛やめまい，なかなか寝つけないこと以外に事故後の変化はありますか？」と問うと「他にはない」とのことだった。今までの経過を問うと，前院で「もう少しリハビリテーションを続けてから復学したほうがよい」と助言されたが，歩行でき，手指の麻痺もほとんど見られなかったため，復学をしたとのことだった。母親は，A が事故前に比べるとイライラしていること，落ち込んでいることが多く，記憶が悪くなった気がすると語った。

　A は母親が語っている間，不服そうであり，リハビリテーションセンターの受診もしぶしぶ同意したという状況であった。Y 心理士は A に「交通事故に遭い大変でしたね」と語りかけ，A の怒りや体調に関する不調感を傾聴しつつ，「今の自分の状況について知った上で，苦手になったことがあればその対応について考えていきましょう」と伝えた。

　そして，「交通事故の場合は，自分の脳みそを自分の頭蓋骨にぶつけてしまうことで，脳の前のほうが傷つきやすく，その部分が傷つくと，イライラしやすくなることが少なくありません。また，何かを覚えておいて，その情報が必要になった際にその情報を脳から引き出して活用するということが苦手になることがありますが，あなたはどうですか？」と問うと，「大丈夫だと思う」「でも，そう言われれば，何かを聞かれて，すっと出ないことがあるかもしれない」とのことだった。検査者が「実際どんな状況なのか調べてみるのはどうですか」と尋ねると，調べることに同意した。

　まず，「短い時間で終わるスクリーニング検査をやってみましょう」と声をかけ，MMSE を実施した。MMSE では，100-7 で「あれっ，引くのは何だったっけ」と途中で引く数がわからなくなったり，7 ではなく 17 を引いてしまったりと，繰り下がりの際に混乱する様子が見られた。また，3 単語の遅延再生では，2 単語の遅延再生はできたものの，最後の 1 単語が自

発想起できず，ヒント提示後も想起できなかった。検査終了後，「覚えたつもりでも思い出せないことがありますかね」と声をかけると，「そうかもしれない」と否定しなかった。

　次に，注意の検査を提案し，「やってみる」ということだったので，TMT-J と仮名ひろい検査を実施した。TMT-J では，「なるべく鉛筆を紙から離さないでください」という指示をしたが，ターゲットを見つけられない際には，鉛筆を紙から離すことが 2 回見られた。また，Part B では数字と平仮名を交互に線で結ぶ際に，平仮名を「あいうえお順」に想起している様子が見られるものの，想起とターゲットの特定に時間がかかる様子が見られた。仮名ひろい検査では，左端の文字の見落としが見られた。仮名ひろい検査の物語文では，仮名を拾った後に物語の内容を述べることになっているが，答えられた内容は 2 分の 1 だけであった。

　検査終了後，「思い出すことが苦手になっていたり，聞いたはずなのにどうだったか自信がもてないことがあるでしょうか？」と尋ねると，「やってみてそう思った」とのことだった。また，「歩いていて左側から突然人が出てくる感じがすることはありますか？」と問うと，「そうそう，『何なんだ！』って思う」と述べた。「今日はここまでにして，次回，記憶の検査をお受けになりませんか？」と尋ねると，「やってみる」とのことだったので 1 週間後に予約を取った。

　【2 回目】前回と異なり，検査を受けようという姿勢が見られたので，さっそく RBMT を実施した。検査には協力的で，「〇〇を覚えておいてください」という言語提示に対し，小さく首を上下に振りつつ，懸命に覚えている様子がうかがえた。「物語」は直後，遅延とも再生数が少なかった。

　「物語」の 20 分後の遅延再生時には，直後想起できた部分も想起できない様子が見られ，その際には「なんだっけ？」というように首をかしげていた。また，「これで検査は終わりです」という合図が出たら持ち物の返却を依頼する課題では，合図が出ても返却を要請できず，ヒントが必要だった。

　検査終了後，「自分では覚えたつもりでも，いざ思い出そうとすると出てこないご様子があるので，予定や大事なことはメモを取ったり，スマートフォンに入力して，必要なときに確認されるのはどうですか？」と伝えると，

「確かに」「それ必要かも」という答えが返ってきた。「では，次回，1週間
後の○日の○時にお約束するのはどうでしょう？」と伝えると，「まだ検査
するんですか？」と言うので，「1回目は注意力，2回目は記憶力の検査を
しましたが，Aさんは頭の前のほうをぶつけておられるので，頭の中で情
報を組み立てる力についても見ておいたほうがよいかと思うのですが……」
と提案すると，「それってどういうことですか？」と尋ねてきた。「頭の前の
ほうは，前頭葉というのですが，脳の司令塔といわれています。前頭葉はど
ういう状況かを判断して，それに沿って自分の行動をプログラミングする仕
事をしています。状況に合わせて必要なことを判断したり，優先順位をつけ
て効率的に行動するときに働く脳みそです。この前頭葉がうまく作動してい
るかどうか，念のために調べてみませんか？」というと，「もともと悪い気
がするけど……」と言いつつも同意したため，次回の予約を取り，スマート
フォンのスケジュールに入力を促した。

　【3回目】時間どおりに来室したので，「今回おいでになるときに，スマー
トフォンのスケジュールで確認されましたか？」と尋ねると，「曜日は大丈
夫だったけど，時間があやふやだったので，先生が言うようにスマートフォ
ンに入れといてよかった」と述べた。「今日は先週お話したように，脳の前
のほう，前頭葉の働きを調べる検査を2つしましょう」と伝え，KWCST，
BADSを実施した。

　KWCSTでは，検査の途中で「ここからは何で合わせたか言いながらカー
ドを置いてみてください」と伝えた際に，逡巡する様子が見られ，その後，
保続が続いた。

　また，BADSでは，「行為遂行検査」の言語提示後，検査者が確認すると
言語提示された内容の一部が抜けていたり，指示内容と異なる理解をしてい
たりする様子が見られた。再度言語提示を行い，3回目で正しく復唱できた
ので，検査を実施したが，終了後「どういうルールで実施するんでしたか？」
と問うと，むっとした表情で「ルールなんて聞いていない」と述べた。「動
物園地図」では「行くところをチェックしてもいいですか？」と尋ねてきた
ので，「構いません」と伝えた。Aは用紙に記載されている場所を確認し
チェックしたが，いざ道順を記載し始めると，目的地に記載されていない場

所も 3 カ所通過した。「修正 6 要素検査」では，教示の理解はできていたものの，取り組んだのは 5 要素にとどまった。また，白紙に回答を書き込む際にどんどん右に寄っていき，左下に空白が生じた。

　終了後に感想を聞くと，「どっちの検査も難しかった」「この検査は誰がやってもできないんじゃないんですか？」と尋ねてきたので，「どういうところが難しかったですか？」と尋ねると，「なんだかややこしいこと言われたし，考えていたらわけわかんなくなった」と答えた。「A さんはできているところもありましたよ。でも，一度に複数のことを頭において，その情報を使って考えて，何々だから何々したほうがっていうように考えているとわけがわからなくなったんですかね？」と返すと，「あ～そんな感じ」と言うので，「頭に置いておける情報のキャパが小さくなっている感じですかね」と再度伝えると，「あ～そうかも」とのことだった。「それって，ワーキングメモリーといって，ちょっとの間，頭に置いておいて，必要なときにその情報を思い出して使うという働きのことなんですけど，前頭葉がその働きをしているんです。前頭葉がうまく動かないために，その働きが弱くなっているんですかね」と伝えると「そうなんだ」と否定しなかった。「ワーキングメモリーについても調べておきますか？」と尋ねると，「調べられるの？」と言うので，「ワーキングメモリーは授業で先生の話を聞いてメモするとか，友だちと話をしていて『さっきの……』と少し前の話題になった際に作動する必要があるものなので，調べておくことをお勧めします」と伝えると「わかりました」と同意した。

　【4 回目】「ワーキングメモリーを調べる検査をいくつかしようと思います。あと，今の A さんが苦手になっているところと得意なところについても調べておくのはどうでしょう？」と提案すると，「得意なところなんてあるかな。でも，わかりました」と応じた。

　まず，WAIS-Ⅳの「記号探し」「符号」を実施した。「記号探し」では，口頭で説明しつつ，例示して見せたが，3 問目の例示の際に，マニュアルどおりに 3 問目，2 問目，3 問目と行き戻りした際に混乱している様子が見られた。少しの間待って，「やり方はわかりましたか？」と尋ねると，「なんとなく」と答えたので，再度例示しながら説明すると「あ～そういうこと」と

理解した。回答の際には焦ってやっている様子が観察され，〇のつけ方は乱雑だった。「符号」では数字に対応している記号をいちいち確認することが多いため，時間がかかっていた。記号の記載はマス目からはみ出したものが2つ，マスを飛ばすことが1回見られた。

　次に，「積木模様」を実施したところ，課題の難易度が上がるにつれ，イライラしている様子が見られた。積木課題が終わると，ため息をついたので「疲れました？」と尋ねると「結構疲れた」と述べた。「少し休みましょう」と中断を提案した。2，3分休むと，「できます」と述べたので，「あとひとつだけ，短い時間で終わる課題をやって，それで今日はおしまいにしましょう。残りの検査はあと1回来ていただいて実施するということでどうでしょう？」と伝えると，「あと1回で終わりますか？」と尋ねてきた。「はい，あと1回で検査は終わりにしましょう」と伝えた。残り時間が10分しかなかったので，「類似」を実施して終了とした。

　【5回目】「今日で検査はおしまいですか？」と尋ねてきたので，「はい，今日でおしまいなのでやって行きましょう」と声をかけた。

　WAIS-Ⅳの残りの「数唱」「行列推理」「単語」「算数」「パズル」「知識」を実施した。「数唱」では，逆唱と語整列で3桁になった段階で応答に時間がかかる様子が観察された。「行列推理」でも応答までに時間がかかっていた。「算数」では，9問以降，言語提示後「もう1回言ってもらっていいですか」という要請があった。1分以上考えて誤答することが続き「頭の中で計算しているとわからなくなる」といった感想が聞かれた。「単語」「知識」といった言語で応答する課題では，「生み出す」に対し「形のないものから物質を存在させる」と答え，回答できないときに「存じない」といった通常使われない語の使い方をすることが印象的だった。

　検査終了後，「やってみてどうでしたか？」と尋ねると，「ここに来る前は，頭が痛いのは頭ぶつけたから，夜なかなか眠れないのもそのせいって相手の運転手に腹立てていた。頭の働きのこと言われたって，別に問題ないって思ってたけど，検査を受けてみて，『あれ？』って感じだった。やってみて，頭の働きが事故の前と違うのかもしれないと思うようになって，これで大学戻って大丈夫なのか，卒業できるのかって心配になってきた。家でそんなこ

第１部　事例で学ぶ臨床心理検査

と考えていると，すごい不安になって，また眠れない。良くなるのかな？」とのことだった。「事故前と違うことに気づくと不安になりますよね」と受け止め，「不安の状態について確認するチェックリストがあるので記載していただいてもいいですか？」と尋ねて同意を得たのでPOMS 2[*8] を実施し，「今まで実施した検査の結果をドクターにご報告しますので，今後の方針についてドクターと相談してください」と伝え，医師の受診を促した。

Ⅴ．検査結果（主たる要点のみ）

①MMSE：27/30（100-7 で２点失点，遅延再生で１点失点）
②TMT-J：
　Part A：66 秒，ミス０回（健常 20 代所要時間：29.1 秒）
　Part B：121 秒，ミス４回（健常 20 代所要時間：42.1 秒）
③仮名ひろい検査：
　無意味綴り：32/41（41 〜 50 代平均：37）　見落とし率 14%
　物語文：26/32（41 〜 50 代平均：34）　見落とし率 3%，内容：1/2
④RBMT：標準プロフィール得点 20/24，スクリーニング点 9/12
⑤KWCST：C=4　P=10　D=2
⑥BADS：総プロフィール得点 15/24，標準化得点 85
　年齢補正した標準化得点 88【平均下】
⑦WAIS-Ⅳ：FSIQ=68
　言語理解 =88，知覚推理 =67，ワーキングメモリー =72，処理速度 =61，下位検査の SS（評価点）は「類似」=11，「単語」=8，「知識」=11，「積木」=5，「行列推理」=6，「パズル」=6，「数唱」=6，「算数」=5，「記号探し」=2，「符号」=4
⑧POMS 2：T 得点が 70 を超す下位尺度は「怒り－敵意」「混乱－当惑」であり，「抑うつ－落込み」「緊張－不安」は 60 を上回っていた。項

---

*8　Profile of Mood States 2nd Edition（ポムス・ツー／気分プロフィール検査第 2 版）

目で満点をつけていたのが「はげしい怒りを感じる」「頭が混乱する」など，0点をつけていたのが「活気がみなぎる」などであった。

Ⅵ．報告のまとめ

　初回に実施したMMSEでは，ワーキングメモリーの低下がうかがわれた。開始当初，Aは神経心理学検査の必要性を実感していなかったが，一つひとつの検査の目的を伝えながら実施したところ，検査を実施することの了承が得られ，検査には協力的だった。

　1）注意の検査では同年代の健常者と比較し，時間がかかること，同時処理の際にミスが出現することが見られ，情報処理速度の低下と注意容量の低下が生じていると判断された。仮名ひろいでは左端の文字の見落としが見られ，自由記載の際に左下に空白が生じるなど，日常生活でも左側に気づきにくいことが確認され，左半側空間無視も生じていると判断された。

　2）記憶の検査では記銘力そのものよりも，遅延再生や展望記憶課題での失点が見られ，必要なタイミングで自発的に想起することに困難が見られた。

　3）遂行機能の検査では状況変化に弱く，状況が変わった際に保続が数回出現するなど，状況変化に戸惑う様子が見られた。右前頭葉損傷は新奇刺激の脆弱性が出現するといわれており，Aにもその現象が生じていると思われた。また，複雑な言語指示を提示された際に理解に時間がかかることや，行動を開始すると言語提示を想起できずに行動してしまうことは，注意容量の低下から情報の全体に注意を向けられないことや，ワーキングメモリーの低下によると判断された。

　4）知的な能力は類似や知識が標準以上であり，また所属している大学に現役で一般受験で入学していることからも，もともとの知能が平均範囲内であったと判断される。積木やパズルといった視覚認知課題での低得点は右半球損傷による構成障害が出現していることを示し，視覚的なワーキングメモリーの低下，部分と全体を統合する能力の低下が生じていると判断される。また，数唱と算数も低得点であり，聴覚的なワーキングメモリーも低下している。

5）母親からの聞き取りによると，自宅では感情のコントロールが困難な様子が見られ，社会的行動障害も生じている。

以上から高次脳機能障害が生じていると判断され，脳の損傷部位との不一致は見られない。検査場面では神経疲労が観察され，大学生活や就労における支障が推察される。自己意識性については，来所当時は高次脳機能障害に対する自覚が乏しかったが，検査遂行に伴い，事故前との違いに気づき，不安も高くなってきている。

POMS 2でも「怒り‐敵意」「混乱‐当惑」が高く，「活気‐活力」が低下している結果となっており，心理的サポートも必要である。

今後は，神経心理学的リハビリテーションの実施が必要であり，機能改善とともに自らの症状の理解と対応について学ぶこと，感情のコントロールや神経疲労への対応に対する心理教育が必要である。また，母親に対しては家族面接を実施し，家庭での様子を確認するとともに，対応についての助言，また復学や就労についての相談に応じることが必要と判断される。

Ⅶ．検査結果のフィードバック

医師の再診後，心理検査結果のフィードバックと神経心理学的リハビリテーションの依頼が出されたため，再度Aに会った。

まず，医師から検査結果および今後の方針についてどのように伝えられたかを確認した。医師からは，高次脳機能障害と判断されること，検査結果については「詳しいことは心理に聞いて」と言われたとのことだった。また，今後は週1回，高次脳機能障害のリハビリに来所することを勧められ，同意したと述べた。

Y心理士からは，「もともと持っていた知識は保たれており，年齢平均より高い力も見られます。気になるのは，情報処理速度の低下といって，頭の中で情報をやりとりするのが遅くなっていることです。TMTという注意の検査では同世代の方と比べると2倍近く時間がかかっていました。特に左側の情報を見落としやすい傾向もあるようです。また，検査途中でも何度か話に出しましたが，少しの間覚えておいて必要なときにその記憶を使おうとし

た際に，覚えていなかったり思い出せなかったりとワーキングメモリーの低
下が見られると思います。記憶力そのものはさほど悪くないのですが，覚え
る情報が多くなったり，不慣れだったりすると覚えきれないことがあるよう
です」と伝えたところ，「先生が言うこと，そのとおりのような気がする」
と述べた。「事故に遭ってまだ半年しかたっていないので，まだまだ良くな
る時期だと思います。なので，脳にいいことをしていきましょう。それと同
時に，思い出しやすい工夫をすることで，日常生活をうまく回していきま
しょう」と伝えた。母親にも同様に結果について説明し，復学時期や復学方
法についても相談していくことを伝えた。

　被検査者は，検査を受けることで，そしてその結果に対するフィードバッ
クを受けることで，自分に生じている高次脳機能障害について気づき，理解
していく。検査を受けることで，できなくなったことに気づき，落ち込む被
検査者も少なくない。したがって，検査者は被検査者ができなさに気づくこ
とと，実感することで落ち込むことを少なくすることの双方を常に念頭に接
することが求められる。フィードバックの際には，このケースのように，保
たれているところ，得意なところをまず伝え，そのあと苦手になったところ
を伝えるといった配慮や，苦手になったことに対する対処法を提示すること
で，伝えられたことで不安だけが残るということを避けるよう心がけること
が重要である。

　高次脳機能障害は当事者が実感しにくい障害である。高次脳機能障害支援
モデル事業に参加した当事者の 6 割に自己意識性の障害が見られた。知的
には理解できたとしても実感として認識できない当事者も少なくない。それ
と同時に認めたくないという否認も生じうる。したがって，自己意識性の障
害や否認についても十分にそのメカニズムを理解した上で，一方的な告知を
避けるべきである。一方的な告知は，検査者への拒否感を生み，否認をより
強め，有用な助言や適切な方針の受け入れを困難にするからである。

　また，高次脳機能障害は注意，記憶，遂行機能といった認知機能だけでな
く，脳損傷に伴う情動変化（例：易怒性）や，発症起因，環境の変化などに
よる心理反応も生じる。心理状態に対する評価も必要であり，その結果も念
頭にフィードバックする必要がある。

　さらに，注意障害や記憶障害が生じていれば，長い文章や聞きなれない言葉の羅列を避けるべきである。被検査者が受け入れやすい，わかりやすい，被検査者にとって馴染みのある言葉を用いるといった配慮も必要である。口頭だけではなく，高次脳機能障害に関するリーフレットや事前に作成しておいた資料を見せながら伝える，あるいはその場で紙に書きながら伝えるなど，相手に合わせた伝え方が重要である。

　高次脳機能障害は外見からは見えにくい障害であるゆえに，当事者だけでなく，家族もその実態を理解しにくい。当事者だけでなく，家族にも高次脳機能障害の状況と，それによる生活上の支障，学業や就労への影響についてもわかりやすく伝える。さらに家族の状況や対応力もアセスメントした上で，その家族が実現できそうな具体的な助言を行う。当事者や家族へのフィードバックは，つねに当事者と家族の感情と理解力に合わせることが重要である。

Ⅷ.　その後の経過

　Y 心理士のフィードバック後，A は実家からリハビリテーションセンターに通うため，大学に休学届を出した。そして，週 1 回，神経心理学的リハビリテーションを受けに来院した。Y 心理士はまず，脳の機能を安定させるために，夜 12 時前には寝ること，入眠前にはスマートフォンをいじらず離れた場所に置く，朝は 7 時前に起きるといった生活リズムの安定を助言した。さらに，有酸素運動が脳機能向上に効果があることを説明し，午前・午後 1 回ずつ散歩をすることや，毎食栄養バランスのとれた食事をとることを勧めた。

　注意機能や記憶・遂行機能の現状を理解し，その改善を図るために，認知課題としては文字列や数字列の抹消課題を実施し，左半側空間無視や注意障害に気づく機会とした。さらに，大学の教科書を教材にし，書いてあることをパソコンで入力する，入力したものを見ながら内容を話す，心理士と話し合ったことをノートに記載するといった対応や，メモを取るコツやメモリーノートの活用など，必要な代償手段や環境調整について話し合った。認知機能の改善を図るためにも，心理状態の改善が必要であり，心理的サポートも

実施した。怒りや不安，落ち込みといった感情のコントロールについての認知行動療法的アプローチも行った。母親も漠然とした不安を抱えていたので，現状の説明と，家での過ごし方についての助言，復学の際に担任と連絡を取ること，学生相談室を利用することについても助言した。

　休学を半年間延長して新年度から復学することを助言し，復学に向け担任教師や学生相談室の心理士向けの情報提供書を作成し，Ａと母親に提示し，内容について了解されたので，作成した書類を渡した。復学する際に，それぞれの教科の先生に，教室の一番前に座り白板を iPad で撮ることとボイスレコーダーで録音することの了解を取った。そして，帰宅後に iPad で撮った資料を印刷したものを参考にノートを作成し，不明な箇所はボイスレコーダーで確認し書き加えることを助言した。

　Ａは復学後も長期の休みごとに Y 心理士のもとに状況報告に訪れた。Y 心理士は，必要時に再評価を実施し，現状の共有と必要な助言を行った。Ａは，復学することによって，授業に出るだけで疲れてしまい，その日中にノート作成をするのが困難ということに気づき，授業のない日にノートを作成することにしたが，「椅子に座って授業を聞いているだけでこんなに疲れる」「授業がない日にノートを作ろうと思うけど，30 分集中するだけですごく疲れる」「ノートを見ても授業内容を思い出せない」と神経疲労や高次脳機能障害についての気づきを深めていった。その気づきは，卒業の進路を考えた際に「一日通して働くのが難しい」という予測的な気づきにつながった。その一方でＡには「やってみないとわからない」という気持ちもあり，とりあえず就労しようと考えていた。母親も同様で，心配はしているものの，他の同級生と同じように就労してくれたらという気持ちも見られた。しかし，就職活動を実施したものの，就職説明会や面接でうまく応答できない自分にも気づき，再度，リハセンターに相談があった。

　Y 心理士はＡと母親の気持ちを受け止めつつ，働く準備として障害者就労移行支援事業所があること，そこに通所することで耐久性を上げ，自分の状態に見合った働き方や就労先をじっくり検討することを提案した。Ａは医師に障害者手帳や障害者年金の受給についても相談し，それぞれ診断書に記載してもらった。

　Aは交通事故の被害者で，障害固定により賠償金が支払われることになり，経済的な不安が軽減されたことも，障害者として就労を検討することに寄与したと思われた。Y心理士は医師が診断書を記載する際に，再度，神経心理学的検査を実施し，その結果を高次脳機能障害が生じている根拠として提出した。

IX.　まとめ

　神経心理学的検査は，脳損傷によってどのような症状が生じているのかを明らかにするために不可欠である。しかし，それと同時に，当事者が自分の現状を知り，その対処法を考えていくためにも不可欠である。さらに，支援者にとっては，症状を明確化し，生じている支障のメカニズムを理解することによって，リハビリテーションに導入し，機能回復，代償手段，環境調整や心理教育といった方法で，当事者がよりよい生活を具現できるよう支援するためにも必要である。また，障害福祉のサービスや損害賠償など，福祉制度の利用や法的根拠を求められる際にも必要な情報となる。車の運転の是非を検討する資料として求められることも少なくない。

　高次脳機能障害の当事者は，自己モニタリングがうまくできなくなることが少なくない。その結果生じる自己意識性の障害ゆえに，医療や福祉機関の介入を拒否する当事者もいる。神経心理学的検査を受けることは決して心地よいものではない。脳損傷によってできなくなったことを暴かれると感じる対象者もいることを念頭に，神経心理学的検査ができなくなったことだけでなく，当事者のできているところや強みを検出するものであること，そして，検査で得られた情報を基に支援を組み立てていくことが可能になることを当事者にわかりやすく説明することが必要である。

　実施する検査の選定にあたっては「患者の負担を最小限にし，検査の意義を最大限に」というLezak（1995/鹿島［総監修］，2005）の言葉をつねに念頭に，当事者の症状に感度のよい検査を，当事者の負担少なく実施することを忘れてはならない。注意機能を測る検査といっても，感度や難易度，測定にかかる時間，被検査者にとっての負担減はそれぞれ異なる。当事者の

発病や受傷の経過，脳画像などから生じている高次脳機能障害を想定し，さらに，当事者の生活歴から元々の認知能力も推測しつつ，症状の検出に対し感度のよい検査，かつ当事者に負担を強いすぎない検査を選択すべきである。そのためには，神経心理学的検査の種類と特性の熟知が必要である。

　さらに，検査を実施する際には，①検査の目的，②検査の性質，③得られる検査情報の使用，④秘密保持，⑤患者への還元，⑥検査手順の簡単な説明，⑦検査を受けることをどう思うかをきちんと説明し同意を得る（Lezak, 1995/ 鹿島［総監修］，2005）という作業が必要である。

　神経心理学的検査は定量的評価とともに定性的評価*9 が重要である。定性的評価とは，検査実施中の失敗の仕方や問題解決に至るプロセスを観察することで得られるものである。そして，この定性的評価で得られた情報は，患者の高次脳機能障害に対する理解を促進する際に，そして，リハビリテーションを実施する際に極めて重要な情報源である。「定量化はそれが可能な場合は有用であるが，神経心理学における重要な情報の大部分は定量化にはむかないのである」（Walsh, 1991/ 小暮［監訳］，1993）という言葉もあるくらいであり，定量的評価とともに定性的評価を行うことが「高次脳機能障害が生じた人の日常」と「高次脳機能障害が生じた人の心」を理解するためにも重要である。検査者は検査への導入を丁寧に行うとともに，マニュアルに沿って正確に検査を実施することと，定性的評価にも重きを置いた検査の実施が求められる。

【引用文献】

Lezak, M. D. (1995) *Neuropsychological Assessment Third Edition.* Oxford University press.［鹿島晴雄（総監修）（2005）神経心理学的検査集成 . 創造出版，75; 80.］

Walsh, K. W. (1991) *Understanding brain damage: A primer of neuropsychological evaluation second edition.* Churchill Livingstone.［小暮久也（監訳）（1993）脳損傷の理解——神経心理学的アプローチ . メディカル・サイエンス・インターナショナル , 7.］

---

*9　結果に至るまでの過程や遂行の形式に見られる特徴，誤りの内容など，数値化が難しい被検査者の反応に基づく評価

8章
認知症

梨谷竜也

Ⅰ．事例の概要

対象者（A）：60代後半，女性，既婚，夫（70代前半）との2人暮らし。
徒歩数分のところに長女，車で30分くらいのところに次女が住んでいる。
既往歴：数年前から，高血圧，高脂血症にて，服薬している。
遺伝負因：母は70代で脳出血にて死去。父は80代に入って認知症になっ
たが原因疾患不明。その後，肺炎で死去。
原家族：両親ともすでに他界。兄（3歳上），妹（2歳下）。

Ⅱ．生活歴・経過概要

1．生活歴および現病歴

　四国地方で出生。中学卒業後，就職のため関西地方へ。21歳で結婚し，
20代で2人子どもを出産。現在まで専業主婦として暮らしている。夫は
65歳で退職し，70歳までアルバイトをしていたが，現在は完全に仕事を
離れている。友人と出かけることが多く，週の半分くらいは外出している。
長女とは頻繁に行き来があり，小学生になる孫娘が学校から帰ってきて，長
女が仕事から帰ってくるまでの間，Aが世話をしている。

　60代半ばとなった年の春頃から，昨日話したことを覚えていない，買い
物で同じものを続けて買ってくるといったことが，ときどき起こるように
なった。夫から，「最近，よく忘れるなあ」と指摘されてはいたものの，A
も夫もそれほど気に留めることはなかった。家事は今までどおりこなせてお
り，会話のやりとりでも前述したのを覚えていないことがある以外では，お
かしな点はみられなかった。

　同年秋頃，孫が学校から A の家に帰ってきた際に，日曜日と勘違いをしていたり，財布や重要な書類をなくしたりすることが頻繁にみられるようになった。それに対して，長女が家に来たときに持って帰ったのではないかと電話をかけてきたりすることがあった。翌年の春頃，夕方になっても夕食を作り始めていなかったり，整理整頓ができなくなったり，物をなくしたりすることを巡って，夫と口論になることが増え，心配した娘たちが A とともにかかりつけ医に相談。かかりつけ医からは，一度大きな病院で詳しく診てもらいましょうと言われ，Z 病院神経内科を紹介された。

　同年 5 月，Z 病院神経内科を受診。初診時に実施した頭部 CT では，明らかな異常はみられず。四肢の運動，感覚，反射など神経学的検査も異常なし。血液検査では若干血糖値が高かったのみで異常なし。見当識は，日付が 2 日ずれていたのみ。夫からは「最近，妄想や幻覚がひどい」「おかしなことばっかり言うので，そんなことはないって言うと，ものすごい剣幕で私を怒鳴りつけて，この前なんか，そのへんにあるものをバンバン投げてきたんですわ」との訴えがあった。A は「何も困ってることはありません。あえて言えば，こうやってお父さんが私の頭がおかしいとか言うことくらいですね」と不服そうに話した。主治医からは，「一度詳しく調べてみましょう。後日，頭部 MRI（Magnetic Resonance Imaging）検査と心理検査を受けてください」とだけ伝えられ，2 週間後に MRI と心理検査を受けることになった。

2.　検査当日の様子と会話内容

　心理検査担当の Y 心理士が待合室に迎えに行くと，夫，娘と 3 人で座って待っていた。名前を呼ぶとすぐに反応し，「お願いします」と自ら言い，率先して立ち上がった。身なりは整っており，化粧をし，一見して気になる点はなかった。歩いている様子に特段の異常はみられなかった。「このあと 40 分から 1 時間ほどお時間頂戴しますが，お手洗いはよろしいですか？」と Y 心理士が尋ねると，「先ほど済ませましたので大丈夫です」と答え，そのまま心理検査室へ。家族と別れ，一人で入室した。

　着席し，Y 心理士が「あらためて本日はよろしくお願いします。心理士

のYです」と挨拶すると,「こちらこそ,どうぞよろしくお願いします。A
です」と丁寧に挨拶をした。表情はおだやかで,緊張しているようにも見え
なかった。

　Y心理士が,「今日は何をするか説明聞いていますか?」と尋ねると,少
し戸惑い,「いえ,何も。とりあえず,今日ここへ来るようにとだけ」と答
えた。ここへ来るのは今日で何回目か,前回来たのはいつか尋ねると,「多
分,2回目です」「前は……,いつだったかな……,1週間くらい前と違い
ますか?」と答えた。体調や,その他何か気になることについてY心理士
が尋ねたが,「別に,どうということはないですね」「まあ,もう歳なんで,
アレですけど……」などと,漠然とした回答であった。

　「前回お越しになったときに,ちょっと物忘れが多くなったみたいな話が
あったようですが……」とY心理士が物忘れについて触れると,「ああ,そ
うなんですよ。最近,何でもすぐ忘れるんですよ。でも,別にだから何がど
うってことでもないんですけどね」「ちょっと,物をどっか置いて,『あれ,
どこに置いたかな?』とか,2階まで上がって,『あれ,何しに来たんだっ
け?』とかね」「娘はなんか気にしてるみたいですけど」などと話した。睡
眠と食思について尋ねると,中途覚醒,早朝覚醒および日中の眠気と,食事
量の減少について訴えた。ストレス有無について尋ねると,「お父さんと,
よく喧嘩するけど,どこの家でも夫婦喧嘩はあるからね。でも,言い方がき
ついからね。昔からですけど。それで嫌になりますね」と言い,ため息をつ
いた。

　Y心理士から「今のお話からすると大丈夫そうですが,ちょっと物忘れ
も増えているみたいですし,娘さんも心配されているようですし,それに脳
に何らかの病気がもしあれば,早めに治療したほうがいいですから,その徴
候がないかどうかも含めて,一度,記憶力とかその他のチェックテストをさ
せていただきたいのですが,よろしいですか?」と伝えたところ,「よろし
くお願いします」と了承し,検査を始めることとなった。

　ここまでの会話で検査に支障があるような聴力の異常はなかった。視力も
老眼はあるものの,裸眼で十分文字の読み書きは可能とのことだった。

Ⅲ．ここまでの見立てと検査バッテリー

　かかりつけ医からの紹介状，主治医の初診時の聞き取り，そして Y 心理士による心理検査前の面接で明らかになった，前述「1．生活歴および現病歴」から，少なくとも近時記憶障害はありそうであった。家での家事の様子からは，遂行機能障害が生じている可能性もあった。喚語困難もみられたが，会話上，明確な失語症状は認めなかった。

　まずはこれらの認知機能障害の有無と程度をみるために，MMSE-J*1 とADAS-J cog.*2 を実施することにした。認知機能障害の程度が比較的軽度で，これらの検査のみでは検出が困難であれば，追加で記憶についてRBMT*3，注意について TMT-J*4 を実施することも考慮することとした。

　全体的な雰囲気としては，積極的にうつ状態を疑うものではなかったが，夫との関係にストレスを感じていることや，A 本人がそれほど困っているようには見えないものの，睡眠，食思が正常ともいえないことから，うつ状態のチェックも必要と考えた。うつ状態のチェックリストとしては，SDS*5 などがよく知られているが，選択肢が多く，認知機能が低下しているものにはやや回答が難しいこと，高齢期に一般的な身体愁訴を除外したチェックリストが望ましいことなどから，高齢者用のうつ尺度である GDS-15-J*6 を実施することとした。

　初診時に夫から報告のあった妄想と幻覚であるが，夫が A のどういった

---

*1　Mini Mental State Examination-Japanese（エムエムエスイー・ジェイ／精神状態短時間検査改訂日本版）

*2　Alzheimer's Disease Assessment Scale-cognitive subscale-Japanese version（エイダス・ジェイ・コグ／アルツハイマー病評価尺度日本版認知機能下位尺度）

*3　Rivermead Behavioral Memory Test（アールビーエムティー／リバーミード行動記憶検査）

*4　Trail Making Test-Japanese edition（ティーエムティー・ジェイ／トレイル・メーキングテスト日本版）

*5　Self-rating Depression Scale（エスディーエス／うつ性自己評価尺度）

*6　Geriatric Depression Scale-15-Japanese（ジーディーエス・ジュウゴ・ジェイ／老年期うつ検査 -15-日本版）

言動を捉えて，妄想，幻覚と判断したかが不明であるため，あらためて夫から詳細に話を聞く必要がある。妄想は認知症に伴うものであれば，物盗られ妄想が最も一般的であるが，幻視，幻聴をベースとした妄想の可能性もある。また，妄想ではなく，記憶障害に伴う作話の可能性もある。幻覚も同様に作話の可能性があるほか，錯視が生じている可能性もある。これについては，パレイドリアテスト*7 を実施することとした。

Ⅳ. 実施場面

　検査への取り組みは意欲的であった。記憶課題で思い出せないところがあると，「いや，全然思い出せないわ。だめだわ，ボケてるわ」と言うが，悲壮感のある物言いではなく，笑顔で話していた。

　検査は，MMSE-J，ADAS-J cog.，パレイドリアテスト，GDS-15-Jの順に実施した。MMSE-J を実施した時点で，記憶障害と注意障害について，それぞれの評価に特化した検査をせずとも十分に判断できると考えたため，RBMT および TMT-J は実施しなかった。GDS-15-J を最後に実施したのは，これを実施する中で質問内容に触発され，抑うつ気分等のネガティブな気分変動が生じ，他の検査実施に影響することもありえるためである。

　検査実施後に，出来具合について自己評価を尋ねたところ「まあまあ，こんなもんですね。やっぱり覚えるのは難しいですけどね」と話していた。その後，A には退室してもらい，夫が交代で入室。家庭での様子や妄想，幻覚について具体的に説明してもらった。

---

*7　幻視と関連が深いとされる錯視が誘発されやすいかを確認するテスト。ノイズ・パレイドリアテストでは用紙に黒いシミを配したものを提示し，その中に人の顔があるどうかを問う。DLB（レビー小体型認知症）の患者では，他の認知症患者に比べて有意に多く人の顔の錯視が出現する。

V. 検査結果（主たる要点のみ）

1. MMSE-J

　得点は 20 点であった。スクリーニングテストとして使用する場合，MCI（Mild Cognitive Impairment: 軽度認知障害）群と軽度アルツハイマー病群の最適カットオフ値は 23/24 であり，カットオフ値を下回る成績であった。

　「見当識」は，日付に約 1 カ月のズレがあったが，季節は正答した。年は「忘れました」と回答。場所は病院名も含め正答したが，「地方」は質問の意味が理解できなかったようで答えられなかった。「記銘」はすべて正答。「注意と計算（シリアル 7）」は，「93，87，80，73」と答え，5 つめで，「あれ？　いくつからいくつ引くんでしたっけ？　忘れました」と言い，回答できなかった。「再生」は 1 語のみに正答。「あとは全く覚えていません」とのことだった。「呼称」「復唱」「読字」「書字」「描画」は正答した。ただし，「書字」については，短い文章を書いたにもかかわらず，誤字が 2 文字あった。「理解」では 3 段階の命令の 1 段階目で紙を右手で取るところ，両手で取ったため，1 点減点となった。

2. ADAS-J cog.

　得点は 22.0 点であった。ADAS-J cog. は 70 点満点で，加点式のため，点数が高いほど認知機能障害が強いと判断される。

　ADAS-J cog. の作成者はこの検査で認知症のスクリーニングを行うことを意図していないため，カットオフ値は設定しておらず，健常群と認知症群（軽度，中等度，高度）それぞれの平均得点と重症度を発表している（本間ら，1992）。それによると，軽度の平均と標準偏差は 15.5 点± 5.7 点，中等度は 26.7 点± 9.0 点であり，A の 22.3 点は軽度と中等度の間くらいとなる。

　「単語再生（10 単語）」の 3 試行の正解数は 2，3，3 で平均 2.7。「単語再認（12 単語）」は 3，9，7 で平均 6.3 と，記憶に関する課題はいずれも

低い成績であった。また，単語再認における虚再認（最初に提示されていない単語を「ある」と答えること）数は 3，5，3 であった。

「構成行為」では，立方体模写が不正確であった。ただし，完全に形態が崩れているわけではなく，おおよその形は描かれていた。

「口頭言語能力」「言語の聴覚的理解」「自発話における喚語困難」について，自由会話を通して評価したが，喚語困難をわずかに認めたため 1 点加点となっている。また，「手指および物品呼称」で中指と薬指を呼称できなかった。

「観念運動」では，宛名を書き写し，次に便箋を折りたたむが，封筒のサイズを確かめずに封筒に入らない大きさに折ってしまう。それをさらに適当なサイズに折って，押し込むように封筒に入れ，そのまま作業を終えた。検査者が再教示してもそのまま変わらず。段階ごとに，封をすることと切手を貼ることを教示すると，それは問題なく行えた。要素ごとの行為は行えており，封書作成の手順がちぐはぐというわけでもないが，計画性のない作業の進め方や完遂しないままで済ませてしまうところから，遂行機能障害の存在が示唆された。

3．GDS-15-J

合計得点は 2 点であった。うつの最適カットオフ値は 6/7 で，7 点以上の場合，うつが示唆されるとされているため，非うつの範囲であった。

4．パレイドリアテスト

ノイズ・パレイドリアテストを使用した。錯視反応はみられなかった。この結果から，錯視が出現しやすい傾向は認められなかった。

5．家族からの聴取

前述した経過概要の話以外では，妄想と幻覚について，夫に詳細を尋ねた。夫によると「例えば，娘も孫も来てないのに，今朝，娘と孫が来て一緒にお昼ご飯食べたとか言うんです。何回違うと言っても，私が嘘をついてるとか言って怒るんです。他にも，さっき近所の人が回覧板持ってきたとか」との

ことで，こういったことから「妄想と幻覚」があると言ったとのことであった。一緒にいるときに，何も見えないところに何かが見えていると言ったり，何も聞こえていないときに聞こえているようなことを言うことはあるかを確認したが，それはないとのことであった。被害的な訴えを繰り返すこともないとのこと。これらの話から，夫が言う「妄想，幻覚」は，記憶障害を背景とした作話を指しているものと考えられた。

6. 頭部 MRI

　心理検査後に実施。脳出血，脳梗塞は認めず。年齢相応程度の脳萎縮がみられた。

Ⅵ. 報告のまとめ

　1）見当識は，季節感は保たれているものの，やや日付のズレが大きく，時の失見当識があると考えられた。一方で場所，人の見当識は保たれていた。
　2）注意機能はやや低下していると考えられた。シリアル7が完遂できなかった点，書字における誤字，3段階の命令での1段階目の誤りが注意機能の低さを表しているといえる。
　3）記憶は，中等度の近時記憶障害があるものと考えられた。MMSE-Jの3単語再生が1語だったことだけでは判断が難しいが，ADAS-J cog.の単語再生と単語再認の成績がかなり低いことも合わせて考えると，明らかである。これらの成績が良好であった場合，RBMTなどの記憶検査も実施しなければ記憶障害の有無は判断が難しいが，今回はこれらの記憶下位尺度のみで十分判断が可能であった。また，夫の話からは当惑作話がしばしばみられるようだった。
　4）言語機能には明らかな問題はみられず。書字での誤字は前述したように注意機能の低下を反映したものと考えられた。
　5）視空間認知機能は，軽度の低下がみられた。DLB（Dementia with Lewy Bodies: レビー小体型認知症）の臨床診断基準では，中心的特徴として「注意，遂行機能，視空間認知機能のテストによって著明な障害がしば

しばみられる」（日本神経学会，2017）とされており，図形模写の顕著な崩れは DLB を示唆する要因のひとつとして，神経心理検査上は重視されているが，今回の検査では立方体模写が誤答であったものの，形態はおおよそ保たれており，これには該当しなかった。

　6）遂行機能も軽度の低下があると考えられた。観念運動課題の様子と家庭で整理整頓ができなくなっていることは遂行機能障害の表れであるといえる。

　7）妄想，幻覚は否定的であった。「妄想，幻覚」と夫が言っていたものは，記憶障害による記憶欠損部分を補うかたちで出現した当惑作話であると考えられた。幻視と関連する錯視もパレイドリアテスト上はみられなかった。

　8）不眠，食事量低下の訴えがあったことと，夫との関係にストレスを感じていそうだったことから，うつ状態にある可能性も考えられたが，GDS-15-J の結果から，うつ状態であることは否定的であった。なお，不眠と食事量低下は高齢期においては健常者であっても生じやすいものであり，何らかの疾患において特異的なものではない。

　9）夫との関係障害，暴言・暴力等は，BPSD（Behavioral and Psychological Symptoms of Dementia: 認知症の行動・心理症状）に位置づけられるが，背景には，認知機能低下により今までできていたことができなくなっていたり，作話が生じていたりということがあり，それらにどう対応すればよいか夫がわからず，A にとって不適切な応答となってしまっていることが原因として考えられた。

Ⅶ．検査結果のフィードバック

1．担当医への検査結果報告

　認知症関連検査の場合，診断補助として実施することが多いため，主たる報告対象は担当医となる。担当医に対しては，前述の「Ⅵ．報告のまとめ」記載の内容を A4 用紙 1 枚で報告書としてまとめ，提出した。また，担当医からは，認知症かどうか，認知症であるならば原因疾患は何の可能性があるかについて，心理検査結果からいえる範囲で報告するよう指示があったた

め，報告書の最後に記載した。

　まず，近時記憶障害，注意障害，視空間認知障害，遂行機能障害の存在から，認知症と判断される旨，報告した。重症度の判定基準はいくつかあるが，CDR[*8] を元にし，軽度認知症（CDR1）に相当すると報告した。

　夫との関係障害は，前述したように認知機能障害から生じている様々な変化に，夫がうまく対応できていないことから起きているため，夫に疾患とそこから生じる障害を理解してもらうことと，対応方法を学んでもらうことが必要であるが，家族が希望するのであれば，心理教育というかたちで心理士が介入することも可能であることを伝えた。また，検査からは明らかにはならなかったが，衝動コントロール力が低下していることで，少しのことでも感情的になっている可能性もあるため，状況に応じて薬物療法も検討してほしい旨を報告書に記載した。

　原因疾患について，今回実施した心理検査だけで判断することはもちろんできないが，近時記憶障害が主体であり，そこにいずれも軽度の注意障害，視空間認知障害，遂行機能障害があること，著しい視空間認知障害，半側空間無視（一側性注意障害），明らかな失語症，脱抑制などがみられないことから，アルツハイマー病の可能性があると考えられる旨を報告した。なお，夫の話から緩徐進行性であることが示唆され，頭部 MRI では，ラクナ梗塞，NPH（Normal Pressure Hydrocephalus: 正常圧水頭症），脳腫瘍など他の認知症を引き起こす疾患は否定されている。

2. 本人および家族へのフィードバック

　基本的には，担当医から検査結果が伝えられるが，本人および家族用の心理検査結果報告書を作成し，担当医を通して手渡してもらった。A4 用紙 1 枚のもので，検査得点，各認知機能（見当識，記憶，注意，言語，視空間認知，遂行機能）が，それぞれ「年齢相応」「やや低い」「低い」のいずれに該当するか，心理面についての特記事項について記載し，最後に，今後の生活で心がけるとよいこと，現在の困りごとへの対処方法などを 2，3 行程度で

[*8]　Clinical Dementia Rating（シーディーアール／臨床的認知症尺度）

記載したものを渡した。Aの場合，「夫婦で散歩を日課にするなど運動習慣を身につけることや，人との交流の機会を多く持つようにすることが，認知機能の維持に役立つのでお勧めします」と記載した。

　また，これとは別に，心理検査後に夫から家庭での状況を聴取した際，Aの暴言・暴力にどう対処すればよいか，Y心理士に質問があった。記憶障害とそれに伴う作話について簡単に説明した。作話は本人の中では紛れもない事実であり，否定や訂正は本人にとって受け入れがたく，あまり役には立たないこと，否定も肯定もせず受け流すこと，どうしても修正が必要な事柄については，しばらく時間を置いてから穏やかに伝えてみることなどを伝えた。

3．フィードバックにおける注意点

　担当医向けの報告書の場合，特に診断補助としての検査であるならば，認知機能障害の有無をはっきり示さなければならない。「覚えるのが苦手」「比較的要領がよい」などのように得手不得手で書くと，それは病的な変化を示しているのかどうかがわからず，診断時に参考にしづらい。報告書の分量にも注意が必要である。必要なことは伝えなければならないが，文章があまり長くなると，医師の多忙な業務の中でそれを読むことは困難である。

　本人および家族用の報告書の場合，専門用語は書かない，あるいは書く場合，補足説明が必要である。例えば，遂行機能障害であれば，「計画を立てたり，計画どおりに行動したり，要領よく物事をこなしたりできない」などといったように非専門家が理解できるように記載しなければならない。

　また，ネガティブな内容ばかり書かれていると，報告書を読んだ本人や家族に対して，心理的に悪影響を与えかねないので，なるべくポジティブな側面も記載しておきたい。重度の認知症となると，ポジティブな側面が書きにくいかもしれないが，その場合，主に家族向けに，現在の困りごとへの対処法を書いておくと，有益な報告書になるだろう。

Ⅷ．その後の経過

　担当医から，軽度認知症であること，初期のアルツハイマー病の可能性が

高いことが，本人および家族に伝えられた。担当医からは，本人・家族用の心理検査報告書を用いて，認知症といっても，保たれている能力もあること，進行をできるかぎり遅らせるためにできることがいくつかあることが説明された。

　認知症の進行を遅らせることを目的に，抗認知症薬のドネペジル塩酸塩がまず 3mg 処方された。1 週間飲み，副作用はなかったため，5mg に増量し，以降経過観察となった。

　初回の心理検査から半年後に，進行の程度を把握するために，再検査を行うこととなった。心理検査の担当者は前回と同じ Y 心理士であったが，A は Y 心理士のことは覚えておらず，心理検査のことは「なんとなく」「2，3 カ月前くらいに」「何か覚えたりするテストをした気がする」ということだった。物忘れの自覚について尋ねたところ，前回同様，自覚はなかった。また，担当医からアルツハイマー病との診断名を伝えられたことは覚えていなかった。

　検査結果は MMSE-J が 22 点，ADAS-J cog. が 19.7 点で，得点上は初回検査時とほぼ同等であった。内容的にも各認知機能障害の程度は変わらなかったが，初回検査時に誤答した日付については，今回正答していた。このことについて，検査終了後に付き添いの娘に尋ねたところ，「前回の検査では日付がちゃんと答えられなかったと聞いたので，今日は検査の前に日付を確認しました」とのことであった。

　家では，言われたように夫婦で天気のよい日は 1 時間ほど散歩をするようにしているとのことだった。娘の話では，父親（A の夫）は若い頃大変忙しく，夫婦で出かけたりする姿を見かけたことがほとんどなく，夫婦 2 人で散歩をするなどということは，初めてのことではないかということだった。それがよかったのかどうかはわからないが，最近は夫婦でもめることは減っており，落ち着いて生活しているとのこと。作話に対しては，聞き流すようにしているとのことであった。

　その後は 1 年に 1 回の検査となったが，次第に認知機能障害の程度は強くなっていき，失行や人物誤認などといった新たな症状も出現してきた。初診から 5 年後には，6 回目の検査を実施したが，このときは MMSE-J が

表 8-1　DSM-5 の「認知症」の診断基準

（日本精神神経学会［日本語版用語監修］／高橋三郎・大野　裕［監訳］,
『DSM-5 精神疾患の診断・統計マニュアル』医学書院，2014，p.594，
「診断基準 A（2）」より抜粋）

標準化された神経心理学的検査によって，それがなければ他の定量化された
臨床的評価によって記録された，実質的な認知行為の障害

12 点，ADAS-J cog. が 32.7 点であった。検査場面では教示を理解でき
ない場面がしばしばみられた。発動性は低下し，家では一日中ぼんやりして
いることが多くなったということであった。しかし，発症当初のように感情
的になることはなく，穏やかに過ごせていることに対して家族としては安堵
している面もあるとのことであった。

IX. まとめ

　認知症関連検査の役割は，診断補助，繰り返し実施することによる進行程
度の把握，治療や援助に役立つ情報の収集，本人および家族の理解促進など
が挙げられる。これらは他の臨床心理検査とも共通するが，DSM-5 の認知
症の診断基準の中に記載されているように（**表 8-1**），診断における重要性
が特に高いのが特徴といえる。

　認知症関連検査は，それぞれの検査が簡単な作りになっており，実施と採
点だけなら特別に訓練を受けていなくても容易に実施できるのも特徴である。
しかし，それだけに検査を行って得点を出しただけではわかることが少なく，
検査課題の各項目をどのように解釈するかが臨床心理検査としては重要とな
る。そのための神経心理学，臨床心理学の知識，および認知症に関連した基
本的な精神医学的知識を身につけておくことが肝要であろう。

　認知症では，BPSD が問題となりやすいが，その背景には中核症状とな
る認知機能障害が存在している。A に生じていた BPSD のひとつは暴言・
暴力であったが，その背景には記憶障害による作話があり，それに夫がうま
く対応できなかったことから生じたものであった。認知症関連の臨床心理検

査は，こういった BPSD の背景を読み解き，BPSD を低減させる方略を考
える際にも有用である。

【引用文献】

本間　昭・福沢一吉・塚田良雄・石井徹郎・長谷川和夫・Mohs, R. C.（1992）Alzhei-
　mer's Disease Assessment Scale（ADAS）日本語版の作成．老年精神医学雑誌，
　3, 647-655.
日本神経学会（監修），「認知症疾患診療ガイドライン」作成委員会（編）（2017）　認知
　症疾患診療ガイドライン．医学書院.

第 2 部

［ケース別］
臨床心理検査を実施する際の
工夫と留意点

臨床心理検査の実施にあたって，様々な困難の生じるケースや工夫が必要なケースは少なくない。しかし，一般的な施行法に関する解説書はあっても，個別の困難や工夫に関して，まとめてふれられているものはあまり見かけない。そこで，「子ども・発達障害」「身体障害」「精神障害」「その他」の４つに分けて，全部で 14 点の〝工夫と留意点〟にふれた。冒頭から最後まで順に読むこともできるが，いま自分が直面している事例に特化して，臨床前にすぐに読むこともできる。

子ども・発達障害

1 うんと小さい子どもの場合　井潤知美

　最近では，１歳台から発達の相談を受けることも決して珍しくない。こうした非常に年齢の低い子どもへのアセスメント実施時の工夫について考えてみる。

●アセスメント前の注意点

　実施時間：小さい子どもの場合，お腹が空いている，眠いなどの生理的な状態に行動が左右される。本来の発達を評価できるように，子どもに負担のない時間帯を選び，休憩を適宜入れるとよいだろう。また，初めての場でアセスメントをするときは，子どもが検査者や場所に慣れる時間を考慮して，余裕を持ったスケジュールにする。

　実施場所：子どもの身体に合ったテーブルとイス，数種類のおもちゃを用意しておく。部屋は広すぎるようならパーテーションで仕切るなどして，刺激を少なくしたり，おもちゃで遊べる場所，検査をする場所など，わかりやすく設定しておけるとよい。すぐに検査にのれないときはおもちゃを使って導入することもできる。ただし，好きすぎるおもちゃや気が散るようなものがあると，関わりを持つことが難しくなるので，そういったものは取り除いておく。また，母子分離が難しい場合も多いが，こうした場合は，母親に子どもに指示しないように注意をしてから検査に同席してもらう。

●行動観察の注意点

　発達とは様々な側面が相互にからみあって進んでいく営みである。例えば，認知発達，運動面（粗大・微細）の発達，社会性（対人関係）の発達などであるが，それに加え，感覚の特性も影響を及ぼしている（井潤，2018）。アセスメント場面ではそれらの軸を念頭に，子どもに心理検査を実施するこ

とが支援をする上では重要となる。新版 K 式発達検査® などを実行しながら，同時に以下の点について観察するとよい。

(1) 入室するときの様子はどうか。部屋にあるものにどのように関心を示し，どう動くのか。保護者にくっついて離れないのか，それとも，さっさと離れて遊び始めるのか。情緒の表出や安定の度合いなどを観察する。また，いくつかのおもちゃを置いておき，どのおもちゃを選びどのように遊ぶのかも観察する。

(2) 保護者や検査者との関係はどうか。困ったことがあったとき，保護者や検査者に関わろうとするのか。おもしろいことがあったとき，それを保護者や検査者と共有しようとするか。またその方法はどうか。

おもちゃがうまく動かせないとき，手伝ってもらいたいとき，びっくりすることや面白いことが起こったとき，どのように他者とコミュニケーションを取るのかといった，要求や共同注意（joint attention）の行動を観察することが重要である。うんと小さいときには，言葉の有無だけではく，関わりの質や量をみていくことが大切である。

●観察評価の項目について

言語がほとんどない小さな子どものコミュニケーションや遊びの評価法はいくつかあるが，簡便につかえるものとして，SPACE（Short Play and Communication Evaluation ／スペース）（Kasari et al., 2022）の概要を紹介する。

1. 遊びを評価する

子どもがマスターしている遊び，ときどきみられる遊びを評価する。それらが，感覚遊び（音や感触を楽しむなど），単純遊び（車を動かすなど），組み合わせ遊び（積木を積む，パズルをはめるなど），前象徴遊び（食べるふりをする，積木で家を作るなど），象徴遊び（人形がご飯を食べる，積木を食材にみたてるなど）のうち，どのレベルの遊びで，どのくらいの頻度があるかをみる。

2. 関わりの質と量を評価する

要求行動の有無と表出の仕方を評価する。取ってほしいものがあるときや手伝ってほしいことがあるとき，視線を使うのか，指差しをするのか，物を

直接もってくるのか，などである。また，共同注意の有無と種類を評価することも大切である。検査者の指差しに反応するか，子どもが自発的に指差し，物の提示，手渡しなどの方法で他者と注意を共有しようとするかどうかとその頻度をチェックする。これらを通して，子どものコミュニケーションの方法や遊びレベルを評価して，人との関わりの支援へとつなげるとよいだろう。

【引用文献】

井潤知美（2018）困っている子の育ちを支えるヒント──発達の多様性を知ることでみえてくる世界．ミネルヴァ書房.

Kasari, C.（2022）*The JASPER model for children with autism*. Guilford press.

2　実施が難しい子どもの場合──選択性緘黙など　稲田尚子

　臨床心理検査に際して，実施そのものが難しい場合には，どのようにしたらよいのだろうか。例えば，選択性緘黙のケースの場合，検査場面で話せないことも少なくなく，医療機関や相談機関で，子どもの会話力，言語水準，対人的コミュニケーション行動をアセスメントすることは難しくなる。このような場合，臨床心理検査を実施しようとする際に，どのような工夫や留意点があるのだろうか。

　まずは，実施のタイミングや回数を検討する。保護者および園や学校を情報源としたアセスメントを優先的に進めておき，子どもに対して直接検査する場合には，できるだけ本人の精神的負担や不安を和らげるよう工夫が求められる。具体的には，子どもが検査者や検査場所に慣れるよう，ラポールの形成に十分に時間をかける，検査を複数回に分ける，検査開始までは検査場所に保護者にも一緒にいてもらうなどである。

　また，検査の方法や種類を検討する必要がある。知的・発達水準のアセスメントに関して，ウェクスラー式知能検査の動作性の下位検査を実施できる可能性は高く，言語性の下位検査については筆記や文字盤（ひらがなボード）で回答してもらう方法もある。また，Raven 色彩マトリックス検査，絵画語い検査などのように，指さしで回答できる検査もある。描画検査，

P-F スタディ，SCT（文章完成法）などが実施可能であれば，音声言語を介さずに，パーソナリティや言語表現力などをアセスメントすることができるであろう。

　結果を解釈する際には，すべてにおいて子どもの不安の程度を考慮する必要がある。検査は予定どおり実施できたのか，複数回に分けた場合に子どもの様子は経時的に変化したのかどうか，検査を実施するためにどのような工夫や調整が必要であったのかなど，不安や緊張の強いケースでは，検査の数値的な結果よりもむしろアセスメントおよびそこに至るプロセスから得られた情報が支援に役立つ場合が多い。さらに，検査場面で得られた情報と保護者および園や学校から収集した情報とを統合・比較することにより，子どもの臨床像の深い理解につながっていくことであろう。例えば，家庭と相談機関で描いた絵を比較することにより，不安や緊張が大きい場面で，本人の力が発揮できにくいことについて，保護者が実感できる場合も少なくない。

　最後に，鑑別の視点を持つことが肝要である。選択性緘黙の症状は，その背景に，知的障害，自閉スペクトラム症，統合失調症などの精神疾患等がある場合も多いことが指摘されている。来談の主訴は，家庭以外では話さないなど，選択性緘黙に関連する内容であったとしても，子どもを理解するために，その背景にある様々な要因まで含め，多面的なアセスメントを実施する必要があることはいうまでもない。

3　注意の持続が続かない場合——ADHD など　片桐正敏

　幼児，児童期の子どもに対して発達検査やウェクスラー式知能検査など，1時間半を超えるような検査を行う場合，注意を維持した状態で検査を実施し終えるのが難しいと感じる場合は多くある。ここでは，乳幼児期，児童期の検査に焦点を当てて，環境面などの配慮とともに，注意の維持の工夫やポイントなどを紹介する。

●乳幼児期の場合
　この頃のポイントとしても，まずは午前中の早い時刻に検査を始めること

をおすすめする。保育園に通園している幼児の場合，午睡を設けているところが多いため，特に乳児や幼児期初期の子どもでは，午後は注意の維持が難しくなることがある。午前中の早い時刻に検査を始め，保護者がそばにいる状況で実施する。一方，多動が見られる子どもの場合は，午前中は元気いっぱいで，椅子に座って1時間は持たない，という場合もあるだろう。いずれにせよ，実施時刻はインテークの際に保護者とベストな時刻を検討したほうがよい。

　探索行動が激しい場合，検査用具の点数が多い発達検査では，検査用具は極力幼児の目に入らないような工夫が必要となる。ウェクスラー式知能検査の場合は，下位検査の動作性検査と言語性検査が交互に配置され，注意が持続しやすい工夫がされているが，発達検査の場合は，検査の順番などを子どもの状況をよく観察して決めるといった検査者のスキルも求められる。

●児童期の場合

　児童期も乳幼児期と同様，午前中が望ましい。夕方や学校帰りなど，疲れがたまっている状態で実施すると，子どもの本来の能力を十分測定できない場合がある。多動が激しい場合は，最初から2回に分けて実施することを検討したほうがよい場合もある。子どもによっては少し体を動かしてからのほうが集中できるケースもあるが，前述したように事前に子どもの様子をインテークなどで詳しく聞き取り，検査開始時刻やタイミングなどを先に検討する。ある程度座っていられる子どもの場合は，検査開始前にラポールの形成の時間を取っておくとよい。筆者の場合は，子どもの好きなゲームやアニメの話をして検査者に興味を持ってもらうことで，子どもの気持ちを緩めて検査を実施している。

　検査実施前にはトイレチェックをする。注意の持続が続かない子どもの場合，休憩を取ったほうがよいケースとそうではないケースがある。多くの場合，休憩やトイレに行くことで，検査から別のものへと興味が移り，その後検査を中断せざるを得ない状況を筆者自身しばしば経験している。子どもによっては立ち歩きを一定程度制限したほうがよいだろう。検査者の職人芸になってしまうが，上手に検査にのせて一気に手際よく実施できると，子どもは疲労感をあまり感じず，「楽しかった」といって帰っていくことが多い。

もちろん休憩を適宜取ったり，中には中断して別日に実施したほうがよい
ケースもある。休憩を取る場合は，椅子に座りながらストレッチをしたり，
飲み物を飲んだり，雑談などをする。

　検査実施の際には，言語性検査などは聞き返しが可能であるが，ワーキン
グメモリー指標の下位検査（数唱など）などの場合は，問題の聞き返しがで
きない（WISC-IVの「算数」は1回のみ聞き返しが可能）。そのため，視線
を合わせて教示をするなど，注意が向いていることを確認しながら実施する
ことが重要である。

●環境面などの配慮

　検査室にはなるべくものを置かず，やむを得ない場合はカーテンなどで遮
蔽するなどする。部屋が広いと落ち着かない子どももいることから，衝立や
可動式のパーテーションなどがあるとよいだろう。休憩などで子どもに一度
立ち歩きを許可してしまうと，カーテンをのぞき込んで，中にあるものを取
り出して遊んでしまうことがある。禁止語に敏感な子どもの場合，注意をす
ると一気に関係性が崩れてしまうことがあるので，物品の配置については十
分配慮する。感覚過敏など，子どもの感覚面への配慮も必要な場合がある。
例えば，換気扇の音や蛍光灯の明滅が気になってしまう子どももおり，事前
に感覚面のアセスメントも実施しておくとよい。保護者と離れて実施する場
合は，筆者は保護者の待機場所に立ち寄って，子どもに保護者の居場所を確
認してもらった上で，検査室に連れていくようにしている。子どもの座る椅
子は動かないものを用いる。お尻が滑って座位が崩れてしまう子どものため
に，滑り止めのマット（100円で売っているものでよい）を用意すること
もある。

4　自己認知が弱い場合──自閉スペクトラム症など　江口　聡

　臨床を行う上で，本人自身は困っていないが，周囲が本人のことについて
困ってしまい受診・来談するケースがある。自他の評価が異なる現象である
が，自閉スペクトラム症（Autism Spectrum Disorder: 以下，ASD）や

防衛が強い場合ではこの現象が生じやすい。本稿では，自己認知の弱さがある ASD を対象として，注意が必要な自己記入式検査や面接検査での工夫や留意点を述べる。

● ASD の自己認知の弱さ

ASD の場合，複数の情報を関連づけて捉えることの苦手さから，他者が自分をどう見ているかを想像することや，内省することが不得手であり，これが ASD の自己認知の弱さに影響していると考えられる。しかし，ASD 当事者は抽象的な概念操作が苦手である一方で具体的な思考については良好である場合が多い。そのため，自己認知が弱い場合は抽象的なやりとりではなく，具体的なやりとりを行うことが重要である。

●実施場面の工夫と留意点（本人に対して）

ASD 当事者に心理検査，特に自己記入式（質問紙）や本人から聴取する検査および面接を実施する場合，本人の認識と周りの認識が異なる可能性がある。また，ASD 当事者が心理検査に記載されている言葉のニュアンスを誤って理解し回答することもあり，検査の点数のみで判断すると ASD 当事者の特徴を見逃すことにつながる。そのため，ASD 当事者が回答した内容について点数を見るだけではなく，項目を確認するなどの質的な評価が重要となる。例えば，質問紙の基準を超えていない場合でも，詳細を確認すると判明する本人の状況がある（例：「社交的である」に「はい」がついている場合でも，詳細を聞くと会社の人との仕事上の付き合いしかない）。もちろん，質問項目への回答から本人が困難さを感じていることを確認できる場合もある（例：「人が複数いるとき話についていけない」が「非常にそうである」の場合，それについて具体的に聴取する）。以上のように項目の回答をきっかけに具体的な聴取を行い，情報を収集することで，アセスメントの精度向上につながると考える。

●実施場面の工夫と留意点（周囲に対して）

自己認知の弱い人の場合，臨床的な特徴を査定するためには ASD の当事者からだけではなく周りの人に対して，当事者について聴取する検査や面接を積極的に考える必要がある。例えば，診断補助のために検査を考える場合

は，PARS®-TR*¹ や ADI-R*² を選択することになる。これらの検査は当事者の行動について本人のことを知っている人に聴取できるため，特徴を正確に評価することができる。ただし，家族などからの聴取の場合，「大変さ」などの感情が加味されて客観性が失われる可能性もあるため，家族に対しても，行動の実例を求めるなどして「具体的で客観的な情報」を収集することを心がけることが重要である。例えば，家ではどのような行動をしているか，何に興味を持っているか，指示されたことに対してどう行動しているか，友人はいるのか，またどのように関わっているかなどである。

　以上のように，自己認知が弱い当事者の場合，質問紙を行う際にも追加質問で具体的な例を尋ねたりすることで客観性のある情報を本人から引き出したり，家族などの周囲から客観的な情報の収集を意識して行うことが重要である。

5　感覚過敏の場合　萩原　拓

　対象者に感覚過敏があるということを前提にした心理検査を計画および実施することは，対象者の主訴に過敏性の課題などが含まれている場合以外は通常ほとんどないだろう。しかし，自閉スペクトラム症特性には感覚異常が伴うケースが多いことなどを考えると，特定のケースに限らず，日常の心理検査を含むアセスメントにおいて感覚過敏に対して柔軟に対処できるよう準備はしておきたい。

●心理検査において想定される感覚過敏

　感覚過敏は感覚処理特性の一側面であり，感覚刺激に対して気づきやすく，また感じ方に不快や苦痛を伴う状態をいう。感覚過敏は，聴覚や触覚などすべての感覚領域で起こり得る。さらに感覚過敏の継続的体験によって，特定

*¹ Parent-interview ASD Rating Scale-Text Revision（パース・ティーアール／親面接式自閉スペクトラム症評定尺度テキスト改訂版）
*² Autism Diagnostic Interview-Revised（エーディーアイアール／自閉症診断面接改訂版）

の刺激がなくても苦痛を覚えたり，他の行動問題に発展したりするケースも
ある。

　心理検査の実施に影響すると思われる感覚過敏には，検査者の声や音源再
生などを含む聴覚過敏，検査室の照明などが関連する視覚過敏，筆記や検査
用具の扱いに関わる触覚過敏などが考えられる。また，着座や移動，軽い運
動などに関する触覚や運動など感覚領域が複合的に関連する困難も検査内容
によっては起こりうる。

　感覚過敏には顕著な情緒不安定が伴うことが多いが，そうならないことも
ある。また，反応のレベルも様々で，即時に極端な拒否反応を示すものから，
イライラや不快が徐々に蓄積していくものもある。

●感覚過敏がある対象者への心理検査の実施

　まずは心理検査を含むアセスメントを計画する際，対象者に感覚過敏があ
るかを確認する必要がある。感覚プロファイル・シリーズ[*3]などの質問紙
を実施するのもよいだろう。インテークなどの際に，以下の項目などについ
て質問することで感覚過敏を簡単に調べることもできる。

- ・普段の生活に嫌いな感覚（音，明るさ，匂いなど）はあるか（嫌悪刺激
が日常的に存在する可能性の確認）
- ・椅子に長時間すわって作業することに困難はあるか（触覚過敏および耐
久性・筋緊張等が関連する困難の可能性）
- ・筆記がつらいと思うことはあるか（触覚過敏および微細運動等が関連す
る困難の可能性）

　アセスメントを実施する場所はおおむね聴覚的，視覚的に調整されている
と思われるので，過敏傾向の強いケースではないかぎり，特別な準備は必要
ないかもしれない。過敏傾向が強い場合，日中は耳栓とイヤーマフを両方着
用しなければ過ごせないケースや，人の声を一定時間以上聴いているのが苦
しいケースもある。また，蛍光灯および LED 照明に強い過敏性を示すケー
スも少なくない。対象者が生活環境に適応するために普段どのような対処を

---

*3　Sensory Profile（エスピー／ SP 感覚プロファイル）と Adolescent/Adult Sen-
sory Profile（エーエーエスピー／ AASP 青年・成人感覚プロファイル）

しているのかできるだけ事前に聞き出し，アセスメント時にはなるべく普段と同じスタイルで臨んでもらうとよいだろう。前述のような耳栓とイヤーマフを着用している場合は，検査者の声がその状態でも聞こえるか確認して，大丈夫ならばそのまま検査を実施してよい。人の声を一定時間以上聴いているのが難しい場合は，適宜休憩をとり，休憩時には対象者が楽な状態で過ごせるような配慮をするとよいだろう。照明に関しては，検査室に明るさを調整できるスイッチがある場合は対象者が過ごしやすい状態に暗くすることはできるであろうし，また，過敏傾向が比較的低い白熱電球や太陽光で代替することも考えられる。

6　視覚障害がある場合　中津大介

●検査を施行する前の確認

　身体障害者福祉法上の視覚障害の等級は，主に視力と視野の障害を評価している。しかし視機能は，視力（ものをはっきりとみる力）や視野（ものの見える範囲）だけではなく，コントラスト感度や色覚があり，視機能を把握しておくことが重要である。事前に眼科医や視能訓練士などから情報提供を受け，対象者には行う検査の目的を説明し，丁寧に見えの状態や検査に対しての不安がないかを聞き，負担が強い場合は無理をして行うのではなく，中断することも大切である。見えにくさのある人に目で見る検査を行うことが，負担感や強い抵抗感をもたれる場合があることに留意したい。

　視覚障害の症状に羞明（眩しさ）があり，検査を施行する部屋は，明るければよいわけではない。検査者が窓を背にして対象者と正対すると，強い眩しさを感じることがある。このような場合には，窓を背にして座ってもらい，眩しさがないかどうかを確認することができる。

●心理検査を選択・施行する際の留意事項

　心理検査には，施行に健常な視機能が必須となる検査が少なくない。対象者に視覚障害がある場合，多くが施行に視機能の影響がない検査を選ぶか，言語や代替する検査で補っていくことになる。例えば，WAIS の言語性検査，三宅式記銘力検査，Vineland-Ⅱ適応行動尺度[*1] のほか，改訂 長谷川式簡易知能評価スケール（HDS-R ／エイチディーエス・アール）の一部，

[*1]　Vineland Adaptive Behavior Scales, Second Edition（ヴァインランド・ツー／ヴァインランド適応行動尺度第 2 版）

MMSE-J[*2] の一部, WMS-R[*3] の一部, RBMT[*4] の一部などが施行できる。

　視覚障害者向けに作成されたものは少なく, 広 D-K 式視覚障害児用発達診断検査（2 カ月～5 歳まで）や, 大脇式盲人用知能検査（全盲 6 歳～成人）がある。大脇式盲人用知能検査は標準化から 50 年以上が経過しており, 年代の変化による影響に注意が必要である。

　一見すると症状の軽いロービジョン[*5] の人でも, 細かいところはわからない悩みを抱えており, 拡大しても視野から外れたりすることがある。動作や視覚を用いる検査は, 慎重に施行と解釈を行い, 負担を判断する必要がある。また投映法は, 視機能が低下していることによる影響が極めて大きい。視力が保たれている場合でも, 詳細な部分が見えていないなど, 晴眼者とは全く異なるものを見ている可能性が否定できない。

　質問紙法は, 対面で読み上げると検査者にどのように思われるかを気にして, 結果が大きく影響を受ける場合がある。そういった場合には, 著作権に配慮しつつ, 読み上げて録音したものを回答できるようにしたり, 音声読み上げソフトを用いたパソコンで回答してもらうなど, 回答方法にも工夫が必要である。WAIS の言語性検査では, 課題を読み上げて行うことができるが, 同音異義語があり, 採点に注意が必要である。

　このように視覚障害に配慮が必要な事柄があるが, 心理検査にせよ心理面接にせよ, 注意深い観察が終始重要であることに変わりはない。観察に始まり, 観察に終わる。視覚障害のために必要な心理検査ができない場合には, 行動観察所見や成育歴も総合して判断することが必要である。

---

*2　Mini Mental State Examination-Japanese（エムエムエスイー・ジェイ／精神状態短時間検査改訂日本版）
*3　Wechsler Memory Scale-Revised（ダブリューエムエス・アール／ウェクスラー記憶検査）
*4　Rivermead Behavioural Memory Test（アールビーエムティー／リバーミード行動記憶検査）
*5　何らかの原因で視覚に障害を受け, まったく見えないわけではないが, 見えにくい状態

7　聴覚障害がある場合　河﨑佳子

　聴覚障害のある人の心理検査を担当する機会は，あまり多くないかもしれない。だが，「きこえない・きこえにくい」という体験は実に複雑で，容易には理解できない面があるので，あらかじめ知識として備えておくことは重要である。

●「きこえ」の程度とコミュニケーション方法

　聴覚障害には，失聴の質や程度によって，異なるきこえがある。補聴器を付けることでほぼ不便なく会話ができる伝音難聴と，元々のきこえが〝ゆがんで〟いるため，大声で話されても，補聴器を使っても，音がそのまま拡大されてしまう感音難聴がある。補聴器や人工内耳を装用しても，健聴者と同様にきこえるわけではないので，騒音や多人数の状況では「わからない」体験をしている。

　一般に「きこえにくい」と呼ばれる軽度・中等度難聴者の場合は，静かな場所で１対１で向き合えば，口話で会話のできる人が多いが，中には手話や筆談を求める人もいる。彼らは，補聴器による聴覚活用に読唇を伴うことで相手の話を理解しているので，検査者が下を向いて話したり，早口になったりすると，とたんにわからなくなる。一方，重度の難聴者は，補聴器を付けても，音を「ことば」としてきき取ることは難しく，文脈を頼りに口形を読んで日本語を理解している。訓練によって一定の口話が可能な人も，検査者の発言を十分に理解するためには，手話通訳，筆談やパソコン筆記などの導入が欠かせない。

　中途失聴や片側難聴も含め，聴覚障害のある対象者には，まず，どのようなきこえであるか，どのようなコミュニケーション方法を希望するかを確認し，その人に適した検査環境を心がけたい。

●背景の理解と評価

　きこえない人は，幼児期や学童期をいつ，どこで過ごしたかによって，異なる教育体験，言語体験をもっている。視覚−映像言語である手話は，長い年月，社会的に否定され，口話中心の教育が続いていた。学習指導要領の改

訂もあり，近年ようやく，聴覚障害児が手話を習得する機会が増えてきている。聴覚障害児の９割はきこえる親をもつので，対象者がどのような支援や教育を受けてきたかは，いずれの検査においても，その解釈に重要な意味をもつ。ほとんどの心理検査は基本的に健聴者を想定して作られており，音声言語（日本語）で実施されるのが前提となる。だが，手話を第一言語とする対象者もいる。彼らは映像による記憶や思考に優れた「目で生きる」存在である。「きこえないから」「しゃべれないから」という理由で，言語性検査の項目を省き，動作性検査のみで済ませてしまう対応は誤った評価を招きかねない。聴覚障害の専門家や当事者の意見を取り入れ，十分な配慮と工夫が検討されるべきだろう。とりわけ，子どもの検査においては，個々の課題に対する反応や解答が聴覚障害の影響を受けていないか，その課題が測ろうとする力はそもそも対象児に適するかたちで設定されているかに立ち返って検討する必要もある。

8　身体に麻痺がある場合　山口加代子

●小児の場合

　発達検査・知能検査の実施に当たり，指差しで応答する，積木を使用するなど，上肢機能が必要になる課題に対しては，①通常の方法で可能，②操作対象を工夫する，③応答方法を変更する，④実施しない，のいずれかをアセスメントの中で判断する。

　麻痺が比較的軽いと判断された場合は，積木などでは「持ってもらっていいですか」と操作対象を差し出し，物を把握できるのか，目的に沿った動きができるのかを確認する。物の操作はできるが，通常の方法では困難と判断された際には，積木のサイズを大きいものに変更する，鉛筆でなく太いマジックを使用する，といった工夫をする。

　物を操作することが困難である場合には，指差し（指で指す），手差し（手を対象に向ける），視線，表情での応答のいずれかが可能かを確認する。手差し，視線での応答の際には，図版を拡大コピーしたものを用意する，机

上にいくつかの図版を並べて選択できるようにするといった工夫をする。図版での応答が難しい場合は，実物を用意し（例：大きい積木と小さい積木）実物なら理解できるのかを確認する。

　指差しや手差しで応答できない被検査者に対し，提示する課題を拡大して用意しておき，正答を見つめてもらう（目指し）といった方法や，検査者が「これ？」などと言いながら指で差して，正答か違うかを口頭やうなずき，表情で問うといった方法も取れる。

　①②③のように通常の方法以外で実施した際には採点としては認められず，あくまでも参考値にすぎないが，視覚的な認知能力を理解するのには大いに役立つ。

●成人の場合

　成人の場合も基本的に小児と同様であるが，視覚提示した課題に対し「右から 2 番目」というように口頭での応答や形態の説明が可能な場合があり，視覚認知についての情報は得やすい。

　片麻痺の場合は非麻痺側の手指で実施してもらうことも可能であり，TMT[6] のように細かな手指の操作をさほど必要としない検査では，非利き手で実施した場合でも麻痺の影響は少ない。しかし，WAIS の符号のように 1 cm平方のマス目の中に記号を埋めていくのは負担が大きい。また，麻痺側の機能によっては，麻痺側で検査用紙を押さえるのは困難なため，検査用紙がずれないように文鎮を用意しておく。

　脳損傷による高次脳機能障害がある場合には，情報処理速度の低下が生じることが少なくないが，WAIS などで検出される処理速度の低下を「麻痺のせい」と訴える当事者もいる。検査における反応は，視覚，知覚，眼球運動，手指の巧緻運動，心理機能の統合された最終産物である（Walsh, 1991）ため，そのいずれが関与しているのかを見極める必要がある。そのためには，手指の巧緻運動が必要な課題と，同じ視覚認知課題でも口頭で応じればよい課題の成績を比較するといった方法で，眼球運動や手指の巧緻運

---

[6] Trail Making Test（ティーエムティー）：注意機能と処理速度を評価できる検査。紙面に記載されている数字を順に結ぶ（Part A）と，数字と五十音を交互に結ぶ（Part B）の 2 つの検査から成る。

動が検査結果に与える影響と視覚的な情報に対する処理能力を分けてとらえる工夫をしつつ解釈することが求められる。

【引用文献】

Walsh, K. W.（1991）*Understanding brain damage: A primer of neuropsychological evaluation second edition.* Churchill Livingstone.［小暮久也（監訳），鈴木匡子（訳）（1993）脳損傷の理解——神経心理学的アプローチ．メディカル・サイエンス・インターナショナル，17.］

9　長期入院で不活発な統合失調症の場合　吉村理穂

●心理検査依頼

　精神科の慢性期病棟には，陰性症状が強い，もしくは病状が不安定になり
やすいため地域生活が困難であったり，安定しているが退院先が決まらない
などのために，入院が長期化している統合失調症患者もいる。こうした患者
の心理検査が依頼されることは多くはないが，退院の可能性・方向性を探る
ための知的水準や対処スキルの評価，また認知症が疑われるための認知機能
の評価，もしくは発達障害の併存の可能性といった診断の再検討などの目的
で，あらためて検査を依頼されることがある。

●検査実施まで

　カルテを確認し，また口頭でも主治医に依頼目的と患者の状態，状況を聞
き，それに沿った検査バッテリーを用意するのは他の場合と変わらない。し
かし，陰性症状が強い患者の中には課題を課せられることに消極的な人もい
る。そのような場合は実施が負担とならないような工夫がいっそう必要とな
る。検査日程の予約のために患者のもとを訪れる前に，看護師や作業療法士
など病棟スタッフから日常での様子を聞いておき，本人に声掛けしやすいタ
イミングを踏まえる。主治医から予告されていたとしても，患者にとっては
見慣れない心理士とやらが検査をしたいなどと恐ろしげなことを言ってくる，
というやや侵襲的な状況になる。相手を尊重する丁寧な言葉遣いに配慮し，
自己紹介し，主治医からの依頼目的をわかりやすく伝え，一緒に進めていき
たい旨を伝える。反応があまりに芳しくない場合は，担当看護師や主治医に
依頼し，共に訪れて促してもらうこともあってよい。また，一度で予約を取
り付けようとしないことであくまでも本人のペースを尊重することを示し，

何度か伺って病棟での生活やベッドサイドに置かれている物などを糸口に話しかけたり，参加している病棟プログラムがあればさりげなく見にいき，通りすがりに挨拶をするなど，少しずつでも見慣れてもらい警戒心が解かれるように努めることもある。そうした過程で実施に応じてもらえることは稀ではない。

●実施に当たり

検査は効率よく進めることも大切である。緊張を和らげる言葉がけは必要であるが長くはせず，患者自身の今後のために大切なものであるという趣旨や時間の目安を簡潔に伝える。検査中は本人なりの取り組みを尊重し，随時励ます。終了時には感想をうかがい，労い，検査結果の報告の仕方，協力への礼を伝える。このような姿勢で行っていると，かすかにでも慣れてもらうことができ，患者が過去に得てきた知識や体験，その人らしい愛嬌や気どり，ひいては現状や病気への思いなどをやりとりの中にとらえることができるものである。検査者にはそれらをすくいあげる細やかで肯定的な視点が必要である。

●心理検査所見作成

検査自体の結果報告に加えて，実施の過程で得られた総合的なアセスメントを検査所見にどこまで表記するかは，機関や心理士により多様な形態があるであろう。しかし，長期入院の中で見落とされやすくなる強みを含め，この機会に見出すことのできたその人らしさを加味しながら，目的に沿って役立ててもらえる所見を作成することを心掛けたい。

10　ある程度進行した認知症の場合　梨谷竜也

認知症の臨床心理検査の目的として最も多いものは，診断補助と考えられるが，「ある程度進行した認知症」であれば，医師が診察でちょっと話せば，容易に認知症であることは診断できるため，そもそも診断補助としての臨床心理検査は不要ともいえる。

しかし，それでも診断書に臨床心理検査の結果を記載することが求められ

ていたり，進行の程度を数字で把握したかったり，あるいは入院，施設入所等でルーティンとして検査依頼を受ける場合もある。そういう場合を想定し検査の工夫を考えてみたい。

●最初から〝検査〟をしようとしない

　認知症がある程度進行していると，「今から検査を受ける」という構えをとってもらいにくい。その中でいきなり一問一答の形式であったり，記憶課題の刺激を提示したりしても，答えてくれなかったり，別の話になってしまったり，あるいは「なぜ，そんなこと聞くのですか？」などと言って検査が成立しない可能性がある。したがって，まずは日常会話から入るようにすると始めやすい。体調や最近の困りごとなどを尋ねていく中で，流れに合わせて物忘れの有無を尋ね，もし「物忘れがひどくて……」という話が出てくれば，「そんなに心配であれば，念のためチェックしておきましょう」などと言って，検査を導入できるかもしれない。

　もし，物忘れがまったく，あるいはほとんどないと思っている場合でも，会話自体には拒否的でない様子であれば，「脳卒中など脳の病気の徴候があれば，早く発見して早く治療したほうがいいので，そういった症状がないかどうか，念のため少しみさせてほしい」旨を伝えれば，検査に応じてくれることは多い。

　こういったやりとりで検査が可能となった場合でも，注意の持続は短いことが想定され，また，一見して難しく見えることをいきなり提示すると，拒否されてしまうことも多いため，なるべく簡易なものを使用することが望ましい。そういう点では本邦において最も使用頻度の高い HDS-R[*1] が使いやすい。HDS-R でも数分かかるが，見当識に関する質問を，検査前の会話の中に混ぜ込んでしまえば，検査自体は短くすることができる。

●難しければ質問式の検査以外のものを用いる

　検査中であっても，途中で検査を拒否する，あるいはモチベーションが著しく低いと思われる場合は，すぐに中止すべきである。中止や，最初から検

[*1]　Hasegawa Dementia Scale-Revised（エイチディーエス・アール／改訂 長谷川式簡易知能評価スケール）

査に応じてもらえなかった場合，会話を中心とした評価になるが，何らかの
得点を出す必要があるのであれば，CANDy*2 や，CDR*3 等，会話や行動
を点数化できるものを用いるとよい。

　最重度で，日常会話もままならない場合は，標準化された検査を用いるこ
とはできない。その場合，言葉や絵などをどれくらい理解できているか，有
意な発話が困難でも，指さしやうなずきなど何らかの方法で意思表示が可能
かどうかを評価できれば，援助に役立つ情報を得ることができる。

---

*2 Conversation Assessment of Neurocognitive Dysfunction（キャンディ／日
　常会話式認知機能評価）
*3 Clinical Dementia Rating（シーディーアール／臨床的認知症尺度）

━━━ その他 ━━━

11 攻撃的な状態の場合　花村温子・津川律子

　攻撃的な状態（イライラしている等）の対象者に臨床心理検査を実施する場面は，稀ではない。大切なことは「なんか怒ってるな」といったレベルに検査者が留まるのではなく，行動観察からアセスメントを進めることである。

●優先順位をつけてのアセスメント

　器質性障害（認知症を含む）や症状性精神障害が影響した怒りが，最初に疑うべきことに挙げられる。イライラの背景に，もしも認知症が疑われれば，それ自体が重要なことであり，意識障害があれば，対応に急を要する。また，知的障害が基盤にあると，二次的に怒りやすくなる場合がありえる。双極性障害（Ⅱ型を含む）の場合，軽躁状態における上から目線の言動であったり，混合状態におけるイライラ感であったりする。また，うつ病における易刺激性や易怒性は，〝うつ〟という一般的なイメージからしばしば見過ごされ，体調が良くないという事実が，相手が〝良くない人〟であるという誤解を与えやすい。発達障害のこだわりからくる激怒もある。自己愛性パーソナリティ障害の一部にみられるような尊大な様子もある。これらの可能性を考慮したうえで検査を実施する。

●実施場面での工夫と留意点

　家族が物忘れを心配し，初老期の男性が検査に連れてこられたケースを想定する。来所時，すでに攻撃的になっている場合もある。「検査なんて聞いていなかった！」「頭がおかしいわけではない！」と，家族や受付に不満をぶつける場面に遭遇する。しかし，〝来ている〟という事実が肝要である。絶対に嫌なら来ない。自分でも何か不安に感じるところがあって来たとも考えられる。来ていただいたことをきちんと労う。一緒にいる家族に攻撃を向

けるような場合は，家族にはいったん部屋から出てもらい，本人には「ここでは，あなたが嫌に思うことはしません」と保障したうえで話をうかがう。相手をよく観察し，必要以上の接近は避け，興奮のあまり暴力に及びそうな場合は速やかに職員の応援を呼ぶなどの対処を行うべきであるが，さらなる興奮を生まないように，きちんとアイコンタクトを取り，落ち着いた態度とゆっくりした声で対応する。

　対象者は「自分が認知症（または何かの精神障害）であると疑われている」ことに怒りを覚えると同時に，「良くない結果が出たらどうしよう」という不安も抱いており，やるせない気持ち等が混在して，怒りという形で表出されている場合が多い。「あなたは今，不安定な状態です。だから検査しましょう」などと性急に実施せず，よく言い分を聴いて否定しない，共感的に接することが根幹である。逆説的かもしれないが，検査者であるから絶対に検査を完遂しようとこだわらない。ラポールがとれてくると，自分でも心配なところがあるという話になったり，場合によっては，あらぬ疑いを晴らすためにも検査をしておきましょう，となったりする。終了時には検査の協力を労う。その頃には，怒りは収まっていることが多い。

12　非協力的な場合（自発的な動機づけのない場合）　相澤明日香

　少年鑑別所や刑務所において，犯罪に係る心理機制をつまびらかにしたり，今後の処遇や社会生活に役立てたりするために，臨床心理検査を実施する。そもそも施設にいること自体本意ではなく，心理検査も自発的な動機づけに基づくものではないことが多い。ただし，意外に思われるかもしれないが，筆者の経験上，あからさまに非協力的な態度を示す対象者は少ない。なぜなら，少年鑑別所や刑務所で施行する心理検査は，対象者自身の今後に影響があると捉えているからである。ただし，それだけに実際には心的な抵抗が強かったり，逆に良く見せようと背伸びしていたりとバイアスがかかりやすく，一般臨床でも自発的な動機づけのない心理検査においては同様のことが起こりうると考えられる。

　自発的な動機づけがない場合，検査者が評価者，対象者が被評価者といった関係であると受け取られることが多く，自分の悪いところが明らかになるのではないか，弱みを知られるのではないかといった不安やおそれが生じやすく，この感情が，対象者のあからさまな拒否や，なおざりな取り組みといった非協力的な態度の背景にある。そのため，心理検査は対象者を評価するだけのものではなく，その結果を基に今後どうしていくかを考える大切な材料となること，その作業を一緒にしていきたいことを伝え，いわば〝横並び〟の雰囲気を作り，安心感を持てるようにすることが肝になる。

　そのためには，なぜその検査が必要であるのか，何がわかるかというメリットを具体的に説明するとともに，「話をうかがっていて，日ごろこんなところで困っているのではないかと思ったのだけれど，どうですか？」等と，対象者に投げかけるなどして，少しでも本人自身が動機づけを持てるように促す。また，本人の強みや良いところがわかることを説明することも，不安や抵抗感を和らげることにつながる。加えて，パーソナリティ検査の場合には，絵が好きであれば描画法を施行する等，本人の取り組みやすいものを選択することも一案である。その他，どうしても抵抗が強そうな場合には，表面的・なおざりな取り組みであったとしても，本人らしさがにじみ出る投映法をあえて選択することもある。

　実際に施行する際には，知能検査であれば，「その問題難しいよね」等，本人が今感じているであろうことを言葉にするとか，投映法であれば本人の出した反応を興味深く聴く・見るなどして，対象者と一緒に悩んだり，喜んだりする。こうしたかかわりを通じて，検査者と対象者が一緒に取り組んでいるような雰囲気や，自由な反応が許される安心感ができると，既述したような対象者の不安やおそれがほぐれ，主体的に取り組めるようになることが多い。さらには，フィードバックでも，〝一緒に検査結果を眺める〟ようにすると，今まで語ろうとしなかった本人の困り感などが出てくる場合もあり，心理検査が本人の問題の意識化につながる媒介となることがある。

13　家族（または複数）で同時に受ける場合　有住洋子

　親子や夫婦のカウンセリングを行う場合に，複数の対象者に同時に臨床心理検査を実施することがある。その場合，一人ひとりの検査結果の考察に留まらず，それぞれの結果を照らし合わせ，お互いの特性がどのように関係し合って現状に影響を与えているのかを読みとくことが大切になる。

●検査を実施する目的を明確にする

　親子でも夫婦でも，相手に問題があると思っている場合には，自分が検査を受けることに抵抗を示す場合がある。また逆に，自分には問題がないことを証明するために検査を受けようとする場合もある。いずれにせよ，複数で同時に検査を行う場合には，①「誰に」問題があるのかを明確にするためではなく，お互いの「関係性」を客観的に把握する目的で行うこと，②お互いの検査結果について，結果を一部共有すること，をあらかじめ説明しておくことが大切である。

●実際の場面での工夫と留意点

　臨床心理検査を行う前に，各々に「検査でどのようなことがわかると助けになるか」を確認しておくと，結果を伝えるときに焦点を絞りやすい。このときに注意したいのは，「なぜ，夫はすぐに怒り出すのだろうか」等と相手を主語にするのではなく，「夫が怒り出すと，なぜ私は何も言えなくなるのだろうか」「子どもの話題になると，夫婦喧嘩になってしまうのはなぜか」等，自分やお互いの関係性を主語にして考えてもらうことである。相手に問題があると思っていると自分からの視点に変えることが難しい場合も多いが，少し時間がかかったとしてもここを丁寧に行うことで，その後のカウンセリングについてもスムーズに進みやすくなる。

　通常の臨床心理検査と同じように，各々が知りたいことを軸にテストバッテリーを組むが，その中に同じ心理検査を含めておくことで比較しやすくなる。できれば，数値化・視覚化できる検査のほうが差異や類似点が明確になるので，お互いにどのように影響し合っているのかを客観的に捉えやすくなる。

●検査結果の伝え方

　各々の検査結果から，個人に対して間を置かずに対処したほうがよいと判断される場合，特に，命に関わる恐れがある場合や医療的なケアが必要な場合には，その人への対応を優先する。そのような恐れが少なければ「関係性」について焦点をあてることになるが，そこで得られた結果は「それぞれの特性の違い」であり，どちらが「より良い」のかという競争にならないように気をつける。例えば，ロールシャッハ・テストで，全体反応が多い夫と部分反応が多い妻という結果が得られた場合，全体に注意を払える夫だからうまくいくとは限らない。より具体的な対応が求められる場合には，妻のほうが得意だということもあるだろう。ここで大切なのは，「同じ体験をしていても，目のつけどころが違うためにすれ違いが起きているのかもしれない」可能性を検討することである。その仮説を夫婦に伝え，エピソードを検討してもらうことで，より実感を伴った理解につなげていくことができる。

14　再検査の場合　有住洋子

　ひとたび臨床心理検査で何らかの結果が得られると，その結果にとどまってしまい，状況が変化しても再検査が行われないまま時間が過ぎてしまうことがある。臨床心理検査を含むアセスメントや治療方針は，クライエントの成長や回復，病状によって随時修正されるものであることを忘れてはならない。

●どのような場合に再検査を行うか

①成長，回復を確認する

　発達途上にある子どもは成長過程での変化が大きいため，成長の節目で再検査することが望ましい。また，大人であっても症状による影響が疑われる場合には，症状が落ち着いた頃に再検査することで隠されていた力が見え，支援方針を再検討できる。

②セラピーの効果を共有する

　セラピーによる変化の有無や新たな課題，終結の時期等を検討する際に，

客観的な材料のひとつとして再検査を行う。その際，検査上の変化が「クライエントにとってはどのように体験されているか」という視点を忘れてはならない。例えば，感情を閉ざすことで自分を守ってきた人が，ポジティブな感情だけではなくネガティブな感情も実感できるようになると，辛さが増すことがある。その辛さを検査結果という目に見えるかたちにして，それが生じた過程や次の方向性を共有することで中断を防ぐことにつながる。

　また，セラピーが行き詰まってしまったときに，セラピスト―クライエント間で生じたズレを再確認し，次のステップへの原動力にすることもできる。

●実際の場面での工夫と留意点

　再検査を行う場合，対象年齢と再検査の間隔に注意を払う必要がある。POMS 2[*1]等，比較的短期間での変化を捉えられる検査もあれば，知能検査等，練習効果を考慮し間隔を空けることが推奨されている検査もあるので，別機関での実施状況も含め，これまで経験した臨床心理検査の種類と時期を確認し，場合によっては実施する検査を変えることも検討する。クライエントが検査名を忘れている場合も多いが，検査の内容から推測してわかる範囲で配慮する。また，検査中にクライエントが「やったことがある」等と言い出すこともあるが，慌てずに最後まで実施し終了後に再確認する。

　過去の検査体験は再検査のモチベーションに影響を与えるため，前回の検査時に感じたこと，再検査に対する思い等を聞いておく。例えば，「知能検査をやったけど，結果も教えてもらえず，意味がなかった」という場合には，「それではやった意味がないと感じるのも当然ですね。知能検査ではどういうことが得意で成果が出やすいのか，苦手を補う方法があるかを考えるものですが……。もし今やるとしたら，どんなことを知りたいですか？」等，より具体的な活用を示し，クライエントに再検討してもらう。

　前回の検査結果が伝えられている場合には，その中で覚えていることや今はどのように変化したと感じているかも確認する。検査結果を書面で渡されている場合には，持参してもらって一緒に確認するとわかりやすい。

---

*1 Profile of Mood States 2nd Edition（ポムス・ツー／気分プロフィール検査第2版）

　例えば，「ストレスが体の症状として表れている，と言われたことが印象に残っている」という場合には，「なるほど，そこが印象に残ったのはどういったことからでしょう？」ともう一歩深めて聞く。「もしかして……とは思っていたが，検査結果を聞いてやっぱりそうだったのかと腑に落ちた」等と，検査がポジティブな体験となっている場合には再検査につなげやすい。逆にネガティブな経験となっている場合には，その気持ちを受け止めつつ，どのような配慮があるとよかったと思うかを尋ねる。再検査への拒否が強い場合には，再検査に代わる方法も検討する。

　治療関係にある者が再検査を行うと，両者の関係性が検査結果に影響を与えやすいため，できればセラピスト以外の心理士が検査を実施することが望ましい。事情によりセラピストが実施せざるをえない場合には，より慎重に検査の目的を説明し，〝真の同意〟を得る。さらに，検査結果に関係性が反映されていることをふまえて解釈する必要がある。

おわりに

2021年5月に津川律子先生から「心理検査の本を一緒に出しましょう」と言われたとき，とても興奮したのを覚えている。心理検査の教科書的な書籍はいくつかあるが，私が専門とする発達障害に関する検査はほとんど取り上げられていない。臨床心理学領域の心理検査に詳しい津川先生と発達領域の心理検査を専門とする私が一緒に本を作れば，今までにない心理学ワールドを網羅するような心理検査の本ができ，また，多くの心理士が手にしてくれるだろうから，「発達障害に関する検査」に市民権が与えられるのではないかと期待に胸が膨らんだ。それからは，津川先生が「はじめに」で書いておられるように怒濤の日々だったが，思い描いたものができあがったと思う。

さて，本書を読んでいただいての感想はいかがであろうか。本書は一回読むだけではなく，必要になったときに，必要な箇所をぜひ読み返していただきたいと思っている。私は，心理検査は，心のレントゲンのようなものだと思う。ただ観察するだけでは知ることのできないクライエントの様々な側面を 詳 にしてくれ，それを通してクライエントの全体像を正しく理解できるのだと思う。臨床では，いろいろなクライエントに出会うだろう。より客観的にその人の全体像を捉えるために，その人の本当のニーズを知るために，必要な支援を考えるために，どのようにバッテリーを組めばよいのか，どのような実施時の工夫をすればよいのかを，ぜひ本書に立ち戻って確認してもらいたい。本書のどこかに，必ず，あなたとあなたのクライエントやそのご家族の求める答えがあると思う。そして，「これからの現場で役立つ」というタイトルのとおり，本書を通して，より良い心理支援の未来が築かれることを祈ってやまない。

2023年2月

黒田美保

臨床心理検査
索　引

●編者紹介

津川律子（つがわ　りつこ）

専門：臨床心理学・精神保健学（とくに心理アセスメント，抑うつに関する心理カウンセリング，心理支援に関する倫理と制度，精神科臨床における心理学史）

現在：日本大学大学院文学研究科心理学専攻臨床心理学コース教授・専攻主任，日本大学文理学部心理臨床センター長。公認心理師，臨床心理士，精神保健福祉士
日本臨床心理士会会長，日本公認心理師協会副会長，包括システムによる日本ロールシャッハ学会副会長，日本心理臨床学会常任理事，日本精神衛生学会常任理事ほか。

近編著等：『Next 教科書シリーズ 教育相談［第 2 版］』弘文堂（2023 年），『臨床心理学中事典』遠見書房（2022 年），『心理職を目指す大学院生のための精神科実習ガイド』誠信書房（2022 年），『公認心理師のための法律相談 Q&A100』法律文化社（2022 年），『心理療法におけるケース・フォーミュレーション』福村出版（2021 年），『心理学からみたアディクション』朝倉書店（2021 年），『保健医療分野の心理職のための分野別事例集』福村書店（2021 年），『心理臨床における法・倫理・制度：関係行政論』放送大学教育振興会（2021 年），『精神療法トレーニングガイド』日本評論社（2020 年），『ポテンシャル パーソナリティ心理学』サイエンス社（2020 年）ほか，専門論文を含めて多数。

黒田美保（くろだ　みほ）

専門：臨床発達心理学（とくに適応行動・発達障害に関する心理検査，幼児への発達的行動介入，発達障害成人への小集団認知行動療法，ペアレント・トレーニング）

現在：田園調布学園大学人間科学部心理学科教授，公認心理師，臨床心理士，臨床発達心理士。ADOS-2，ADI-R 国際トレーナー
日本公認心理師協会常務理事，日本スクールカウンセリング推進協議会理事，日本心理臨床学会代議員，日本障害者ネットワーク代議員ほか。

近編著等：『成人の発達障害の評価と診断：多職種チームで行う診断から支援まで』岩崎学術出版社（2022 年），『発達障害のある人の「ものの見方・考え方」：「コミュニケーション」「感情の理解」「勉強」「仕事」に役立つヒント』ミネルヴァ書房（2021 年），『発達障害支援に生かす適応行動アセスメント』金子書房（2021 年），『10 代のためのソーシャルシンキング・ライフ：場に合った行動の選択とその考え方』金子書房（2020 年），『公認心理師技法ガイド：臨床の場で役立つ実践のすべて』文光堂（2019 年），『公認心理師のための「発達障害」講義』北大路書房（2018 年），『公認心理師のための発達障害入門』金子書房（2018 年），『ADOS-2 日本語版』金子書房（2015 年），『これからの発達障害のアセスメント』金子書房（2015 年），『日本版 Vineland-Ⅱ 適応行動尺度』日本文化科学社（2014 年）ほか，専門論文を含めて多数。

●執筆者一覧

永田雅子　名古屋大学心の発達支援研究実践センター／1章

藤尾未由希　帝京大学文学部心理学科／2章

稲田尚子　大正大学心理社会学部臨床心理学科／2章・第2部-2

荻布優子　奈良学園大学人間教育学部人間教育学科／3章

川崎聡大　立命館大学産業社会学部／3章

津川律子　編　者／4章・第2部-11

中村紀子　中村心理療法研究室／4章

金田一賢顕　医療法人秀山会 白峰クリニック／5章

河西有奈　医療法人秀山会 白峰クリニック／5章

萩原　拓　北海道教育大学旭川校教育発達専攻特別支援教育分野／6章・第2部-5

山口加代子　中央大学大学院／7章・第2部-8

梨谷竜也　社会医療法人ペガサス 馬場記念病院 臨床心理部／8章・第2部-10

井澗知美　大正大学心理社会学部臨床心理学科／第2部-1

片桐正敏　北海道教育大学旭川校教育発達専攻特別支援教育分野／第2部-3

江口　聡　帝京平成大学大学院臨床心理学研究科臨床心理学専攻／第2部-4

中津大介　東京視覚障害者生活支援センター／第2部-6

河﨑佳子　神戸大学大学院人間発達環境学研究科／第2部-7

吉村理穂　医療法人財団厚生協会 大泉病院 臨床心理科／第2部-9

花村温子　独立行政法人 地域医療機能推進機構 埼玉メディカルセンター 心理療法室／第2部-11

相澤明日香　立川拘置所／第2部-12

有住洋子　仙台市児童相談所／第2部-13・14

（所属は 2023 年 4 月現在）

これからの現場で役立つ臨床心理検査【事例編】

2023 年 2 月 28 日　初版第 1 刷発行　　　　　　　〔検印省略〕
2023 年 4 月 10 日　初版第 2 刷発行

編　者　津川律子
　　　　黒田美保
発行者　金子紀子
発行所　株式会社　金子書房
　　　　〒112-0012　東京都文京区大塚 3-3-7
　　　　TEL　03 (3941) 0111 (代)
　　　　FAX　03 (3941) 0163
　　　　https://www.kanekoshobo.co.jp
　　　　振替　00180-9-103376
印刷　藤原印刷株式会社　　製本　一色製本株式会社